非連続イノベーションへの解

研究開発型産業R&D生産性向上の鍵

小久保 欣哉 ● 著

東京 **白桃書房** 神田

はじめに

　非連続な技術変化は突如訪れる。それは，どの産業や企業にも起こりうる。非連続な技術変化は，それまでに蓄積してきた連続的な技術優位性を減少，ときに消失させてしまう。それまで強みであった技術が場合によっては，負の資産になってしまうのである。そのように競争優位から競争劣位に陥った産業や企業は「技術変化に対して，どのような対応が望ましいのであろうか？」，その解に少しでも近づくべく，本書での分析を定量分析と定性分析というアプローチで取組み始めた。思いがけず競争劣位となってしまった産業や企業が再び競争同位を築くための手掛かりを探したい，ということが本書の動機である。

　研究対象は技術変化の影響が大きく，変化対応に時間や費用を要する産業を選定した。それは難しい課題を解くことに取組むことで，より本質的な解に近づくことができるのではないか，と考えたからである。

　そのために取り上げたのは，日本の医薬品産業である。医薬品産業は近年，従来技術から新しい技術変化に直面している産業である。また，研究開発に重点が置かれた産業で，新薬創出の成功確率が極めて低く，努力に対する成果の獲得の不確実性が高いといわれる産業である。
このような問題意識に対して，本書では経営学研究の方法論である実証分析と事例分析を用いて結果を導出し，産業や企業の抱える課題の解に近づくために次の点を提案している。

(1) 非連続な技術変化への対応には，外部資源の活用が必要である

　従来技術による連続的な技術変化では，自社の研究開発投資の有用性が多数の研究報告されている。我が国において，後藤・永田（1997）では，連続的な技術変化での研究開発投資の有用性を大規模なサーベイデータで説明されている。一方，新宅（1994），Christensen（1997），榊原（2005）では，連続的な技術変化での研究開発投資は有用であるが，非連続な技術変化への

対応の難しさを，いくつもの事例をかいして説明している。類似する事象として，企業が環境変化に対応することの難しさは，新規事業参入や事業の多角化の文脈においても言われて久しい。具体的には，Ansoff（1965）に始まり，桑嶋（1996），Dyer, Kale and Singh（2002），嶋口・内田・黒岩（2009），原田（2014）があり，ここでは外部資源活用が新規事業や異なる事業への参入に有効であるという報告がされている。一方，非連続な技術変化への対応についての充分な先行研究はなく，新規事業参入や事業の多角化についての先行研究を読み解いた結果，共通性があるという仮説を得て，実証研究と事例研究を行った。その結果を踏まえて，外部資源活用の有用性を提案する。

(2) 外部資源を活用する場合には，即効性にくわえて持続性の視点が必要である

　外部資源活用の効果は，既にAnsoff（1965），桑嶋（1996），Dyer,Kale and Singh（2002），嶋口・内田・黒岩（2009），原田（2014）が説明しているとおりである。その方法論はBarney（2002）にあるように，直接的に外部資源を自社に取込む「M&A」や外部組織と協働により成果獲得を目指す「提携」が挙げられる。また，「提携」に類似する概念として，近年ではChesbrough（2003）が提示する「企業の内部と外部のアイデアを有機的に結合させ，価値を創造すること」という「オープン・イノベーション」がある。「M&A」の有効性は，未知なこと（技術）を即時に知りたい（得たい）場合，既に経験している事業体，組織を自社内に取り入れることにある。ただし，価値観や文化が異なり，双方に違和感が生じる場合には，重要な人材の流出や財務面の影響など経営的な課題も発生することも考えられる。このような短期的な効果を得られる反面，充分な留意が必要となる「M&A」とあわせて検討が必要なのが，「オープン・イノベーション」という方法論である。この方法論によれば，外部組織が既知，経験を有していることを，協働を通じて自社内の組織に学習を促す方法論である。自社の中に外部の組織文化や人材そのものを同化させる必要が無く，知りたい知識，得たい技術を学習することができる。このように，外部資源を活用する場合においても「M&A」と「オープン・イノベーション」の両方に取組むことを提案したい。それはそれぞれの戦略がもたらす有効性が異なるからである（Dyer, Kale and Singh（2002））。

すなわち，即効性だけではなく，持続的可能な方法の採択も検討する必要があるということである。

(3) 研究の方法論を複合的に用いることが肝要である

　本書で用いた研究の方法論は，「定量的な情報による実証分析」と「定性的な情報による事例分析」である。筆者は経済学の大学院で計量的な方法論を学んだという背景から，これまで「定量データによる実証分析」で事象を説明したい，という志向が強かった。自身が経験してきたことを否定的に捉えることは難しく，それは筆者も例外ではなかった。しかし，定量的な分析や推計では説明できない事象，物事は存在する。経営学を学び，知り得たのが事例研究という方法論である。事例研究の有用性はEisenhardt（1989）とYin（1994）において重要な説明がなされている。それらを参考にして本書でも事例分析を行った。定量か定性か，実証研究か事例研究か，という研究方法に関する学問的な論争が見られる。しかし，問題意識や課題を解くため，また，真理の追究に近づくためには，それぞれの有用性をあわせ持つことが重要なのではないかと考える。つまり，同一の研究に対して，別の手法を用いて検討するトライアンギュレーションを可能な限り行うことである（Bryman（1989））。そのため，本書では2つの実証分析と1つの事例研究を用いて，結論の導出を試みている。社会科学が対象にする現象を少しでも明確に捉えるためには，研究の方法論を複合的に用いることが重要であることを提案する。

　このように，本書の執筆に至った問題意識を紹介し，解き明かしに向けての経営学的な視点を提案した。本書の読者は，経営学，経済学，経営工学，薬学，化学，工学を学習する大学の学部生，大学院生ならびに研究者を対象にしている。また，技術変化への対応に携わる企業経営者，技術研究者，ビジネスマンという実務家も対象にしている。さらには，その対象の枠をこえて一人でも多くの方に，本書を手にとって頂き，少しでもお役に立つことを願っている。

平成28年12月

小久保　欣哉

目　次

4章 非連続技術への イノベーション戦略の実証分析

5章 技術変化対応への外部資源活用： 武田薬品工業の事例分析

6章 OIとM&Aの組織能力への影響： 医薬品基礎研究者を対象とした実証分析

7章　結び：まとめと今後の研究課題

1章

序論

1.1 本研究の目的：問題の所在

　我が国のR&D額やそのGDP比は，主要国中でも高い水準にある，といわれている。しかし，近年は，多額のR&Dが必ずしも企業収益に結びついていないという報告も見られる。また，研究開発効率という指標においては，近年低下傾向にあり，欧米諸国の水準を下回っているともいわれている。榊原・辻本（2003）は，日本企業のR&Dの売上や利益への貢献や研究開発生産性が低下してきていることへの問題を提起している。榊原・辻本（2003）は，日本企業の研究開発の効率低下の大きな理由として，直面しているイノベーション課題自体の大きな変化を挙げている。

　イノベーション課題自体の変化の一つめは，プロセス・イノベーションからプロダクト・イノベーションへの変化である。その内容として，従来日本の企業はプロセス・イノベーションに注力し，そして成果を上げてきた。しかし生産地としての新興国の台頭もあり，その優位性は失われている。そのため，真に画期的な製品（サービス）の創出すなわちプロダクト・イノベーションの重要性が高まっている。しかし，プロダクト・イノベーションの創出は，容易ではない。そのため研究開発から成果を得られるのが難しくなっていることを記述している。[1]

　変化の２つめは，製品（サービス）の構造（＝アーキテクチャー）が所与

のイノベーションからその変化を含むイノベーションへの変化である。製品アーキテクチャーがオープン化に向かう中で，成果の専有可能性を高めるための取組みにうまく対応できなかったことが，日本の企業における研究開発の効率低下の背景にあるとしている。

また，3つめとして，榊原（2005）では，上記2点にくわえて，連続的なイノベーションから非連続なイノベーションへと直面している課題が変化していることを指摘している。榊原（2005）は，これらのイノベーション理論に関する議論を踏まえて，非連続なイノベーションを遂行し，多くを得，そしてそれに基づいて技術成果や経営成果に結びつけていくことは，連続的なイノベーションのそれよりもはるかに難しく，そういう状況に少なからず日本企業は直面していることを示唆している。

このように非連続な技術変化に対応することは，どのような産業にとっても困難となっている。それは，従来の連続技術では研究開発はリニアモデルを前提に考えやすいが，非連続な技術変化が生じた場合，既存企業にとってその前提が崩れてしまい，新たな対応が必要になるためである（Foster, 1986）。一方，必ずしもリニアモデルによらず顧客に近い下流からもR&Dに繋がる情報を獲得し，技術開発にフィードバックするという逆方向も重要であり，そのことで非連続な技術変化に対応するというチェーンリンクモデルという考えもある（Kline, 1990）。また，非連続な技術変化への対処方法の一つにリードユーザー・イノベーションが挙げられている（Hippel, 2005）。さらに，新宅（1994）は，カラーテレビ，ウォッチ，電卓市場を対象に非連続な技術への転換の障壁克服について，高いコミットメントとダイナミックなフルライン戦略をひとつの有効策として提示している。

しかし，これらの対応方法はいずれも研究開発プロセスにおける「製品開発」において有用な方法であり，顧客から遠い上流段階の「基礎研究・技術開発」では，市場の変化を感知することが難しい。このように市場から遠い，より上流段階の「基礎研究・技術開発」に重点が置かれている産業は「サイエンス型」と位置づけられる（後藤・小田切，2003）。

「サイエンス型産業」とは科学に依拠した産業群，或いは基礎的な科学の重要性がとりわけ高く，科学との距離が近い産業群とされる。代表的な産業とし

図1.1　日本の主な製造業のサイエンスリンケージと基礎研究費比率

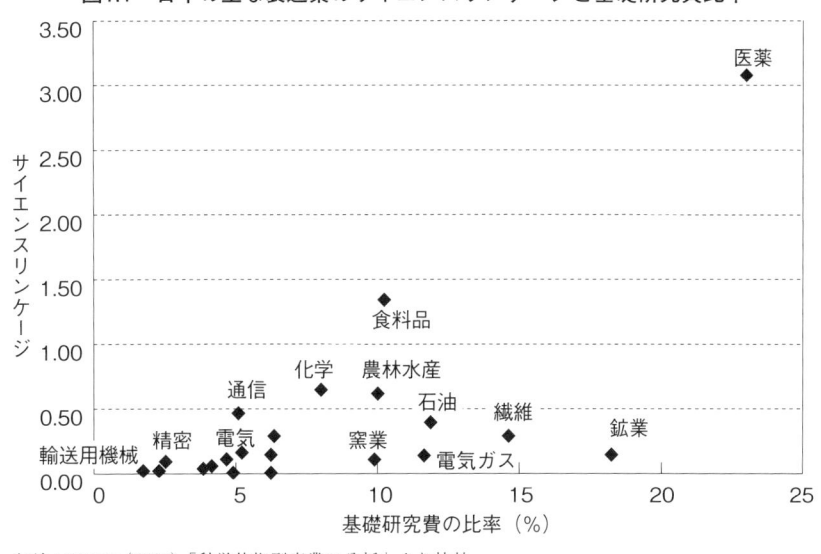

出所：RIETI（2005）「科学依拠型産業の分析」より抜粋。

て，エレクトロニクス産業（半導体・デバイス産業など）やバイオテクノロジー関連産業（医薬品・食品・化学など）が挙げられている（小田切, 2006）。

　図1.1は，日本の主要製造業のサイエンスリンケージ[2]と基礎研究費の比率を見たものである。医薬品産業は，サイエンスリンケージと基礎研究費の比率が他産業に比べて突出しており，科学に依拠している代表的な産業であることがうかがえる。食料品，農林水産，化学も相対的に上位にあがり，バイオテクノロジー技術関連産業で高い傾向が見られる。これらの産業では川下や市場での工夫が働きづらく，技術開発段階での技術変化への探知と対応の可否がそのまま優劣を分けることになる。

　技術開発に重点が置かれる「サイエンス型産業」において，非連続な技術変化に対応した事例としては，エレクトロニクス産業の半導体企業のインテル社を取り上げたBurgelman（2002）がある。しかし，一方のバイオテクノロジー関連産業では，十分な研究が見られない。また，近年，医薬品産業には非連続な技術変化が生じている，すなわち低分子合成技術からバイオテクノロジーへの変化がクローズアップされている。しかし，その対応方法につ

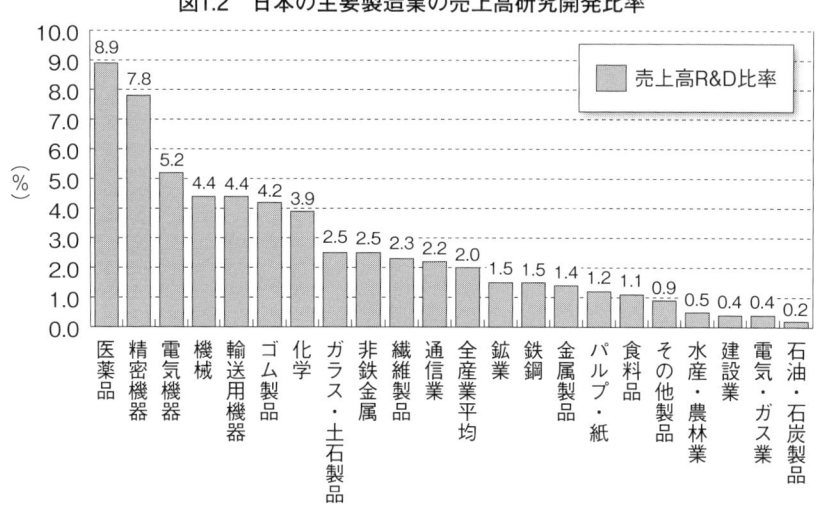

図1.2　日本の主要製造業の売上高研究開発比率

（グラフ縦軸：％、0.0〜10.0）

産業	売上高R&D比率
医薬品	8.9
精密機器	7.8
電気機器	5.2
機械	4.4
輸送用機器	4.4
ゴム製品	4.2
化学	3.9
ガラス・土石製品	2.5
非鉄金属	2.5
繊維製品	2.3
通信業	2.2
全産業平均	2.0
鉱業	1.5
鉄鋼	1.5
金属製品	1.4
パルプ・紙	1.2
食料品	1.1
その他製品	0.9
水産・農林業	0.5
建設業	0.4
電気・ガス業	0.4
石油・石炭製品	0.2

出所：RIETI（2005）「科学依拠型産業の分析」をもとに筆者作成。

いて取り上げている研究が見られない。そこで本研究では，「サイエンス型産業」の中で非連続な技術変化に直面している医薬品産業を対象に対応方法についての検討を行う。医薬品の技術開発での非連続な技術変化への対応方法を検討することは，類似するバイオテクノロジー産業（食料品，化学，農林水産）においても適応可能性が期待できる。

　製造業の中でも研究開発においては医薬品産業のR&D比率が他の産業と比較しても最も大きい。上記の研究開発効率低下の理由が顕著に見られる産業としては医薬品産業が代表的である（図1.2）。日本の医薬品産業は，これまで低分子合成技術により新薬を創出し，成長を遂げてきたが，近年，バイオテクノロジーを用いた新薬が市場に台頭してきているのである[3]。そのため，連続的な技術から非連続な技術変化への対応が迫られているという課題に直面している[4]。

　1998年から2007年までの10年間に米国医薬品市場で上市した医薬品の技術シーズ発掘元企業を見ると，従来技術では日本の大手製薬企業も「米国大手製薬企業」「ドイツ製薬企業」に次いで，高い創出地位を占めていた。一方，新技術においては，「米国のバイオベンチャー」が「米国大手製薬企業」

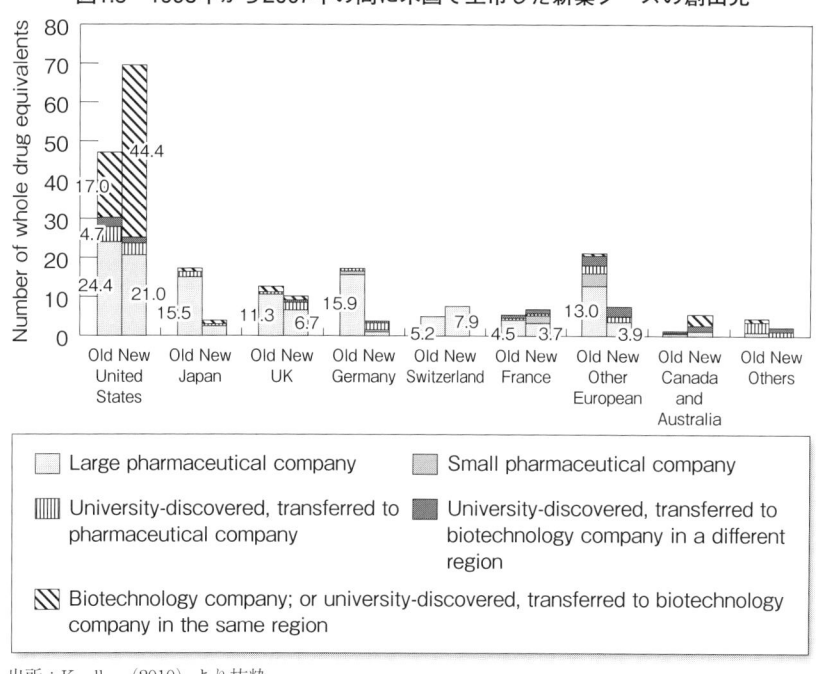

図1.3　1998年から2007年の間に米国で上市した新薬シーズの創出元

出所：Kneller（2010）より抜粋。

を凌ぐほどのシーズ創出元になっており，日本の大手製薬企業の地位は大幅に低下している（図1.3）。

　日本の製薬企業は，既存技術である低分子合成薬では世界的に大型となる画期的な新薬も多数創出し，世界的にも高い地位を占めていた。しかし，新技術のバイオ医薬品では，劣位に陥っている。その理由は，従来の低分子合成技術と新技術であるバイオ医薬品が全く異なる技術であることが大きい。自然界での物質や化合物から成る低分子合成と，遺伝子技術を対象とするバイオ医薬品では，基本的な技術的背景，分子量，製造プロセス，有効性・安全性の機能が全く異なるのである（表1.1）。

　また，日本の製薬企業ではこれまで自前主義での研究開発による社内努力優先の姿勢が強く，そのため「NIH（Not Invented Here）シンドローム」に陥りやすく，自分たち以外の外部のプレイヤーが生み出したアイデア，情報，技術等に関心，配慮を持たない傾向も考えられる。そのため，低分子合成技

表1.1　低分子合成薬とバイオ医薬品の定義・製造プロセス・機能

	低分子合成薬（既存技術）	バイオ医薬品（新規技術）
定義	● 低分子医薬品の開発は，自然界に存在する物質から特定の成分を抽出するか，化合物をランダムに合成し，それらが医薬品となる可能性を検証する	● 遺伝子組換え技術，細胞培養技術等のバイオテクノロジーにより製造されたタンパク質性の医薬品のことをいう。化学合成で生産される従来の「低分子医薬品」と比べると，分子量が大きく構造は遥かに複雑である
製造プロセス	● 約50種類の工程内管理試験の実施	● 約250種類の工程内管理試験の実施と複雑
有効性・安全性	● 特定の遺伝子などを対象にしたものではなく，多くの患者を想定しているため，有効性と安全性は投与後個人により異なる	● 遺伝子解析等により特定の疾患を引き起こす要因となっている遺伝子・タンパク質を特定し，その治療法を探る ● また，人体内に近い成分のため，有効性が高く副作用は生じずらい

出所：International Federation of Pharmaceutical Manufacturers & Association報告「バイオ医薬品」（2012）をもとに筆者作成。

術に注力し，成功を収めてきた日本の製薬企業にとっては新規技術への対応は容易ではない。

　そこで本研究は，連続的技術で成功をおさめてきた企業は，この非連続に生じた新規技術に対して，どのように対処しているのか，という問題を設定する。この問題の解答を導くために，日本の製薬企業を対象に，公開データおよびアンケート調査による実証研究ならびにケーススタディーによる事例研究を用いて，台頭する新規技術への対処法を模索する。前述の通り，近年，我が国の製薬企業を取り巻く環境は大きく変わりつつある。具体的には，（バイオという新規技術を中心とする）生命科学の発展，グローバル化による国際競争の激化，M&Aの進展，関連産業の発展という変化が生じつつある（厚生労働省，2013）。このように製薬企業は，技術変化の真っ只中にいる。これまでの連続的技術である低分子合成から非連続的に生じたバイオ医薬品へと主体となる技術が変化している（図1.4）。

　また，これまで製薬企業にとっての収入源であった低分子合成薬の大型製品が2010年以降に相次いで特許切れを迎えた。特許が切れた医薬品はジェネリック医薬品（以降GE）に置き換えが進む。これらのことを懸念して，製

図1.4 技術別にみた世界の大型医薬品15品目に占める売上高推移

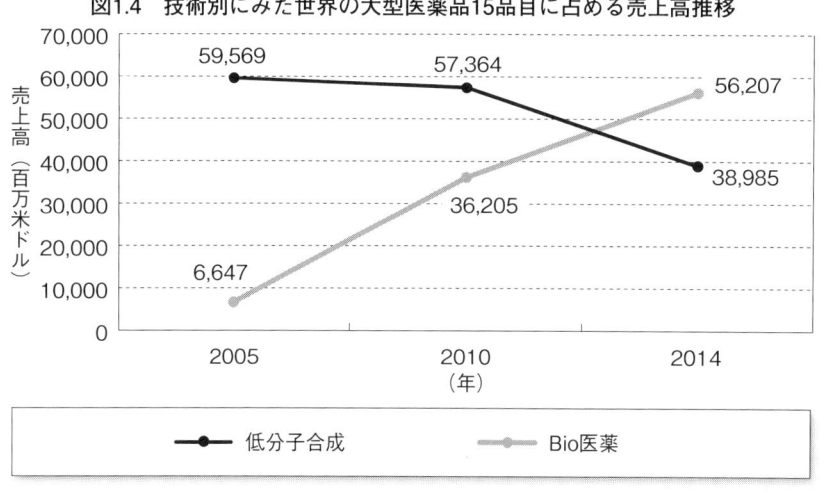

出所：『Monthlyミクス』（各年）より筆者作成。

薬企業はバイオ医薬品へのシフトを活発化しているのである。その理由として，バイオ医薬品はGEによる侵食がされにくいという特徴を持つからである。低分子合成薬の物質特許には化学構造式が明記されているがバイオ医薬品は複雑な立体構造を持つために化学構造式がない。そのため，同じ物質を作ることは極めて難しいのである。さらに特許以外にも高度な製造技術が必要とされるなど参入障壁が高く，逆に優位性が構築できれば模倣困難性が高まる。製薬企業は，このような技術変化にいかに対応しているのであろうか。

表1.2は，国内の主要な製薬企業の「M&A」と「オープン・イノベーション[5]（以降OI）」の実施状況を時間の流れで整理したものである。2006年から2010年頃までは各社「M&A」を実施している傾向が見られる。「M&A」によりバイオベンチャーを買収し，新規技術獲得を進めていることが窺える。一方，2011年以降は，各社「OI」への取組みを始めている状況が見られる。「OI」は表1.2の5社で延べ7つの「公募型OI」が実施されているが，うち6つは2011年以降である。これらの取組みは直接的な効果や有用性を示すのか，確認が必要である。

本研究では，このような製薬業界の新技術獲得へのトレンドも考慮に入れ

表1.2　日本の主要な製薬企業の「M&A」と「OI」の実施状況

企業名	外部活用	2006	2007	2008	2009	2010	2011	2012	2013
武田薬品	M&A	●シリックス	●パラダイム	●アムジェン日本 ●ミレニアムファーマ	●IDMファーマ		●ナイコメッド		
	公募型OI								●RINGO-T ●COCKPI-T
アステラス	M&A		●アジェンシス			●OSIファーマ			
	公募型OI						●a3		
第一三共	M&A		●ゼファーマ	●US Pharma AG ●ランバクシー					
	公募型OI						●TaNeDS ●OiDEファンド		
エーザイ	M&A	●ライガント	●モルフォマック	●MGIファーマ					
	公募型OI								
塩野義製薬	M&A			●Sciele Pharma					
	公募型OI		●Finds				●SSP		

出所：各社公表資料をもとに筆者作成。

ながら，時間軸を意識して，先に提示した手順と方法で分析を進めていく。

　我が国の製薬企業は，これまで低分子合成を強化することで競争力を高めてきたが，2000年代に入り，バイオという新規技術へのシフトが非連続に生じた。そのため，これまでの強みである低分子合成技術に関連する資産が活かせない状況に陥った。外部環境として，このような非連続な技術変化を迎えた際に，企業は新規技術への対応をいかにして行うことが望ましいのか，連続的技術での成功のジレンマをいかに解消することができるのか，を検討しやすい産業であるといえる。

　既存研究では，非連続に生じた技術変化に対応するためには自社のR&Dだけでは十分ではなく，外部資源を活用することが主張されている。一方，非連続的技術変化を対象に「R&D」「OI」「M&A」という内部資源活用と外部資源活用の有用性を横並びで比較して，その相違点や反応型戦略の考察を試みた研究は蓄積が十分ではない。

　そこで，本研究では，定量的な実証方法と定性的なケーススタディーを用いて日本の製薬企業に生じた，非連続な技術変化への対処法を外部資源の活用も含めて探索することを目的としている。

1.2　中心仮説（中心命題）

　本研究が対象とする，技術変化に対応する企業のイノベーション戦略について，関連する先行研究として，企業を取り巻く外部環境変化に関しては，1960年代にコンティンジェンシー理論が提唱された。コンティンジェンシー理論は基本的には「外部環境→内部組織構造・プロセス→成果」であり，「組織内部の状態やプロセスが外部環境の適応条件に合致していれば，その組織は外部環境に効果的に適応できる」というものである（Lawrence & Lorsch, 1967）。

　動的に生じる技術革新については，Foster（1986）は，特定の技術に基づいた製品機能向上のS曲線の限界が非連続な技術変化によって打破され，新しい技術に基づくS曲線が始まることを指摘した。既存企業にとって，非連

続に生じた技術革新は，それまで蓄積してきた知識や経営資源を陳腐化させてしまうという点で破壊的な効果を持っている上に，それによる新製品が当初あらゆる点で旧来の製品を上回るものではないので，新技術への転換に躊躇する作用ももたらすのである（Foster, 1986）。これらの技術変化への対応について，Tushman & O'Reilly（1996）は，業種にかかわらず先行者的な企業が急速な変化の時期に直面して，競争的劣位に陥る場合が多いことを観察し，具体的に企業がどのように対応したらよいのかを提言している。既存企業に対する対応策として，連続的技術と非連続的技術に対応するには別々の異なる組織を必要とし，両利きの組織を提案している。

　上記のようにイノベーション・ダイナミクスとイノベーション・マネジメントに関する研究は1970年代から着目され，多数の研究が蓄積されてきた。その一方，課題点も残る。近年の非連続技術へのマネジメント研究は，組織内の資源活用によるイノベーション創出を対象にした，予測型戦略やイノベーション成果活用戦略に近接する研究領域に偏重している傾向が見られる。しかし，外部環境が変化してしまい，後発的にでも対応しなくてはならない状況に直面する産業や企業は多数存在する。そのようなケースの研究を積み重ねることも企業の存続や再成長に関する研究として重要である。そのため，Noci & Verganti（1999）が提示する反応型戦略についての具体的な研究，特に変化に反応するための有用な戦略行動や学習パターンに関する実証的な分析が示されていないことは大きな課題であり，その局面に直面する企業が採るべき戦略を明確にできない要因となっている。

　また，企業の採るイノベーション戦略として，桑嶋（1996）は企業が新たに資源・能力を獲得しようとする場合，大きく，「内部開発」と「外部からの獲得」の２つの方法を提示し，後者の「外部からの獲得」にはさらに，「M&A」「提携」などに分けられることを提示している。イノベーションに備えた外部組織活用について，武石（2003）は，競争優位のために外部組織を活用する必要性とマネジメントのあり方について，自動車産業を題材に詳細な分析を行っている。競争上重要な業務を外部組織にゆだねながら，一方で競争優位を築かなくてはならないジレンマをいかに克服していくかについて検討を行っている。前述の問題の所在とこのような主要な先行研究から，本研究では，

「企業が非連続的な技術変化に直面した場合，その対応として，どのような適応戦略をどのようなプロセスで実行することが有用か？」を日本の製薬企業を対象に明らかにすることを目的とする。

　本研究課題を解決するための研究のアプローチと用いるデータを次に説明する。

1.3　本研究のアプローチおよび構成

　本研究は，非連続的技術変化の視点で，「R&D」「オープン・イノベーション（以降OI）」「M&A」という内部資源活用と外部資源活用の有用性を比較して反応型戦略の考察を試みることに主眼を置いている。そのために用いる分析のアプローチと対象データは下記を想定している（表1.3）。

　分析の進め方として，時間軸を意識しつつ，分析単位も企業→個社→チーム・個人と分析単位を細分化していく。各章での発見事実をもとにして，さらに具体的かつ詳細な検討を実施するために，分析単位も細分化して分析と考察の精緻化を行う。

　第2章では，関連する先行研究をサーベイし，残された研究課題を提示する。第3章では，医薬品産業を概観し，続く第4章では，日本の製薬企業43社の公開データを用いて，非連続に生じたバイオ技術が研究開発パイプライ

表1.3　各章での分析単位・分析手法・対象データ・分析の狙い

	第4章	第5章	第6章
分析単位	企業群	個社	チーム・個人
分析手法	実証分析	事例分析	実証分析
対象データ	製薬企業43社の公開データ	武田薬品工業の二次情報およびインタビュー情報	医薬品基礎研究者164名のアンケートデータ
時期	2005〜2015年	2005〜2015年	2013年後半
明らかにすること	非連続技術成果への対応戦略としての内部資源蓄積・外部資源活用の有効性確認	非連続技術への対応戦略としての「OI」と「M&A」の有用性と背景・要因	非連続技術への対応戦略としての組織能力の蓄積も踏まえたOIとM&Aの影響確認

図1.5　本研究全体の構成

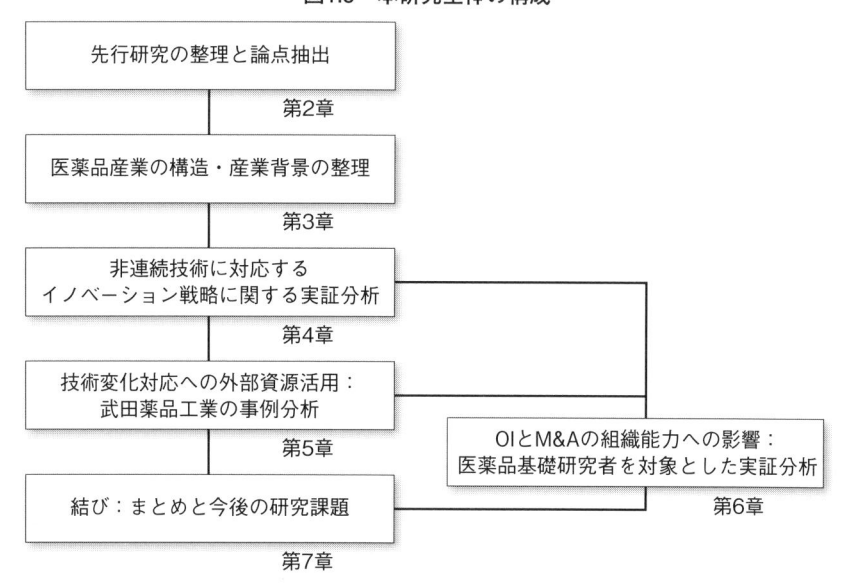

ンに影響を与える反応型戦略を検討する。ここでは，事業環境への対応戦略
に関する変数に関する分析を実施するため，分析単位を企業単位とする。

　第5章では，第4章の分析結果を踏まえて，非連続技術への反応型戦略と
しては「M&A」と「OI」が有用である，という仮説にたって比較事例分析
を試みる。事例分析の対象として取り上げるのは，日本の製薬企業の中でも，
非連続技術への反応型戦略として「M&A」を採択している武田薬品工業（以
降，武田薬品）である。「M&A」はマネジメントの意思決定のもと採択され
る戦略という特性からも個社ではあるが企業単位での分析を行った。また，同
社は，「M&A」と平行して「OI」も実施している。「M&A」と「OI」の得失
についての比較を試みる。

　続く第6章では，第5章の事例分析結果をもとに，非連続技術への反応型
戦略としては直接的な成果で見ると「M&A」であるが，組織能力の蓄積も
踏まえた，「OI」が有用である，という仮説のもと，OI実務に携わる医薬品
研究者の164名のデータを用いて実証分析を試みる。「OI」では現場の部門に
裁量が委譲され，実際に外部技術の評価を行うのは研究者のチーム・個人単
位である。そのため，本研究では「OI」がもたらす影響を直接的に観察する

ために企業単位・マクロレベルのデータではなく，研究者単位のデータを用いて，より深く確認することを目的としている。

　最終章である第7章では，本研究の結論を提示する。理論的含意，実務的含意を提示するとともに今後の研究課題を述べる。このことは，R&Dによる連続的な組織能力蓄積に基づく技術資源の蓄積以外にも解となり得る方法の可能性を示したといえよう。

　次の第2章では「先行研究の整理と論点の抽出」を進めていく。

〈注〉

1　「プロダクト・イノベーション」とは，製品そのものやそれを水面下で支える各種の要素技術に関する技術進歩をもたらす類型のイノベーションである。一方の「プロセス・イノベーション」は，製品を生産・製造するための工程やそれを水面下で支える各種の要素技術に関する技術進歩をもたらす類型のイノベーションを意味している（Abernathy & Utterback, 1978）。

2　サイエンスリンケージ：特許出願において先行技術として引用される学術論文の数を指標として測定される。ライフサイエンス分野は，特許出願に学術研究論文が引用されることが多い分野の1つであるといわれている（元橋, 2009）。

3　バイオ技術の定義については広義と狭義の観点から議論がなされている。バイオ技術を広義に捉えた定義としてBiotechnology Industry Organization：BIO（2006）は，「Bio（バイオ＝生物学的プロセスを利用したもの）と技術（＝問題解決を行うあるいは有益な製品をつくるためのもの）という2つの語源を持つ」とした上，「細胞と生体分子の構造・機能を利用し，問題を解決し，有益な製品を創造する（技術）」としている（BIO, 2006）。

4　技術革新と技術革新が一定のパターンでつながりながら進展していくという類型の連続的・累積的な技術革新は「連続的技術革新（インクリメンタル・イノベーション）」と呼ばれる。そうした連続的なものではなく，より画期的，非連続的なものも存在する。革新性の程度が相対的に大きく，既存技術の類を見ないような類型の画期的・非連続的・急進的な技術革新は「非連続的技術革新（ラディカル・イノベーション）」と呼ばれる（Foster, 1986）。

5　オープン・イノベーション：「企業内部と外部のアイデアを組み合わせることで，革新的で新しい価値を創り出す」という概念が「オープン・イノベーション」といわれている。この概念は，外部の開発力やアイデアを活用することで自社の課題を解決し，これまでにない価値を生み出すことを意味する（Chesbrough, 2003）。

6　組織能力：組織能力とは，企業が固有に持つ有形無形の資源と，それを活用する能力やプロセスである。このような能力は，通常組織が長年の試行錯誤を繰り返した結果，企業内に蓄積される。具体的には，「技術的資源」(特許, データ, 実験機器, 製造機器など)や「人的資源」(個人の知識やノウハウなど)，およびそれらの資源を統合して効果的・効率的に活用するための組織プロセス(良い意味での「組織ルーチン」)として，蓄積される。そのような過程で蓄積される組織能力は，特定組織に固有のものであり，暗黙的であったり属人的で あったりするので，他の企業が真似をしようとしても難しいし，市場で購入することもできないといわれている（延岡, 2006）。

2章
先行研究の整理と論点抽出

　序章で述べた通り，本研究は，非連続な技術変化への反応型戦略を対象に課題解決の方法を探る。

　第2章は，本研究の問題意識に関する研究を整理するとともに，その内容について，検討を行う。「2.1 環境適合理論」「2.2 イノベーション・ダイナミクス」「2.3 外部資源活用および内部資源蓄積による戦略研究」により構成される。

　まず，「2.1 環境適合理論」では関連する理論を中心に外部環境変化と組織構造との関連を述べる。次いで，「2.2 イノベーション・ダイナミクス」では，まず非連続に生じるイノベーションの類型を概観する。くわえて，非連続なイノベーションに対応するための企業内部からの創出に関するマネジメントについての先行研究を整理する。以降の「2.3 外部資源活用および内部資源蓄積による戦略研究」では，技術変化への反応型戦略として，内部資源蓄積の「R&D」にくわえて，外部資源活用の「M&A」や「OI」が存在すること，かつ，「R&D」だけでは十分ではなく，外部資源を活用することが近年の先行研究では主張されていることを記述する。これらの先行研究の整理により，これまで非連続に生じた技術変化への対応型戦略領域での研究で十分に考慮されてこなかった点，課題と，それに対応する本研究で提案する分析フレームの導出を行う。

2.1　環境適合理論に関する先行研究

　環境適合理論とは1960年代以降に検討された，特定の環境と特定の組織との間の適合関係を模索する研究領域である。環境適合理論の特徴としては次のことが挙げられる。(1)実証的な研究に基づいている，(2)普遍的な理論の存在を想定せず，普遍理論を批判しつつ，従来の理論を統合する理論的枠組みを提供している，(3)組織と環境の関係に焦点をおいている，などである。この理論のもとでは，組織は環境から受動的な戦略決定を行っているだけでなく，環境との相互作用によって戦略を決定することになる。

　環境適合理論は，基本的には「外部環境→内部組織構造・プロセス→成果」という考えであり，「組織内部の状態やプロセスが外部環境の適応条件に合致していれば，その組織は外部環境に効果的に適応できる」というものである（Lawrence & Lorsch，1967）。

　環境適合理論は，Lawrence & Lorsch（1967）により提唱された。組織内部と外部環境との関係性に焦点をあてた組織のマクロ研究の最初の研究に位置づけられる。

　この理論創出の契機となったのが，(1)従来の様々な発見事実を説明するために帰納法的な研究が展開されたこと（Woodward，1955），(2)システム理論の発展により組織内部の下位システム間の相互依存性や組織と環境との相互作用にも目が向けられ，それによって全体としてのシステムに関する属性が記述されるようになった，ということである（McMahon，1974）。Lawrence & Lorsch（1967）は，環境，技術そして市場条件などが異なる幾つかの産業を対象に組織内部の「分化」と「統合」を主な概念として，組織の業績と分化・統合の程度，および環境の不確実性についての研究をもとに，組織内部の実情やプロセスが外部環境に適合していれば，その組織は環境に適応でき，高い業績を上げることができる，ということを明らかにした上で，企業組織の内部の実情・プロセス・外部環境は各々異なっているということから組織化のための唯一最善の方法はないと考えることができるとし，このような組織の考え方を環境適合理論と位置づけたのである。

　環境適合理論の代表的研究として，(1)組織は有機的システムと機械的システ

ムの2種類に分類でき，いずれの分類に属する組織も環境状況に適合した有効な組織となりうることを発見したBurns & Stalker（1961）の研究，(2)組織のタイプをクローズド・安定的・機械的とオープン・適応的・有機的の2つに分類したKast & Rosenzweig（1973）などの研究が挙げられる。環境適合理論に対しては，多数の研究者が評価している。Kast & Rosenzweig（1973）は，コンティンジェンシー理論は特定の環境や技術のコンテクストのなかで適切な組織設計を開発しようとする管理者を助成することができ，組織変革や改善のための適した手段を定めることに役立つことができると評価している。

Luthans（1976）は，環境適合理論の構想によって，多様な研究を統合できる理論的枠組みを形成することにより方法論的混乱から抜け出すことができるとして高く評価している。一方，環境適合理論に対して批判的な研究も見られる。

Miles & Snow（1978）は，環境適合理論が主張する環境・技術→組織構造→業績という一元的な環境決定的な考え方とは反対に，環境と組織の間に意思決定者である経営者の判断（戦略的選択）や行動（戦略行動）が介在して組織が決定されると主張し，経営者の能力に注目した。このような組織の環境適応問題は，組織の主体性，すなわち経営者のある程度の主体的選択の幅が認められることにより，経営レベルでのマネジメントの議論と関連して議論されるようになった。

2.2 イノベーション・ダイナミクスに関する先行研究

2.2.1 イノベーションの類型に関する研究の整理

本節では，技術の連続性や非連続性やイノベーションの類型に関する研究を概観する。イノベーション理論自体の発展の経緯について，Abernathy & Utterback（1978）は，イノベーションを「プロダクト・イノベーション（Product Innovation）」と「プロセス・イノベーション（Process Innovation）」の2種類に分けて捉えた。「プロダクト・イノベーション」とは，製品そのも

図2.1　S曲線と非連続な技術変化

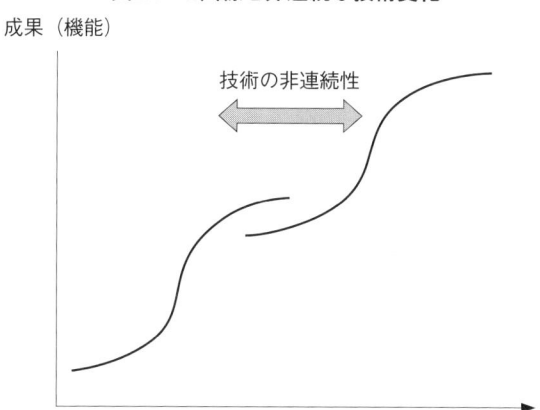

出所：Foster（1986），大前研一訳。

のやそれを水面下で支える各種の要素技術に関する技術進歩をもたらす類型のイノベーションである。一方の「プロセス・イノベーション」は，製品を生産・製造するための工程やそれを水面下で支える各種の要素技術に関する技術進歩をもたらす類型のイノベーションを意味している。さらにイノベーションの類型は発展をしていく。Foster（1986）は，特定の技術に基づいた製品機能向上のS曲線の限界が非連続な技術変化によって打破され，新しい技術に基づくS曲線が始まることを指摘した。努力（時間の推移）を横軸として，非連続なS曲線を概念的に示したのが，図2.1である。新しい技術に基づく製品は，何らかの点で画期的な機能を達成して登場する。しかし，その点では，旧来の技術に基づく製品の機能をあらゆる点で上回ることは少ない。旧来の製品は，長年に亘り様々な改良を積み重ね，全体的に優れた製品として完成度を高めているからである。

　図2.1において，新技術のS曲線が旧技術のS曲線と初期の時点で交差して描かれているのはこの状況を示している。また，新技術に基づく製品の初期コストは高く，価格も高いことが多い。そのため，新技術に基づく製品は，初期段階では，その優位性を発揮する機能を重視する一部のニッチ市場から浸透していく。しかし，一旦新技術に基づく製品が市場に導入されると，新

しい技術に関連した独自の発展過程が始まる。この過程においては，既存技術で業界をリードしている企業は対応が遅れ，衰退する。既存企業にとって，ラディカル・イノベーションは，それまで蓄積してきた知識や経営資源を陳腐化させてしまうという点で破壊的な効果を持っている上に，それによる新製品が当初あらゆる点で旧来の製品を上回るものではないので，新技術への転換に躊躇する作用ももたらすのである（Foster, 1986）。

　また，新宅（1994）は，非連続な技術変化について，カラーテレビ，ウォッチ，電卓市場を対象に事例分析を行っている。それらの事例分析を通じて，非連続な技術への転換の障壁克服について，高いコミットメントとダイナミックなフルライン戦略がひとつの有効な方法であることを提案している。

　これらのイノベーション研究とは異なる概念として，Christensen（1997）は，既存技術に基づき継続的に行う技術革新を「持続的イノベーション」，従来と異なり新しいディメンションを持つ技術革新を「破壊的イノベーション」と位置づけて，リーディングカンパニーは，新技術に直面したとき，なぜ出遅れや衰退をしてしまうのかという疑問に対して，その失敗の理由を3つ提示している。

　第1に，「持続的技術」と「破壊的技術」の間には，戦略的な重要な違いがある。技術のほとんどは，製品の性能を高めるものである。これを「持続的技術」と呼ぶ。持続的技術の中には，断続的なものや急進的なものもあれば，少しずつ進むものもある。あらゆる持続的技術に共通するのは，主要市場の主要顧客が，これまで評価してきた性能指標に従って，既存製品の性能を向上させる点である。個々の業界における技術的進歩は持続的な性質のものがほとんどである。しかし，時として破壊的技術が出現する。これは少なくとも短期的には，製品の性能を引き下げる効果を持つイノベーションである。破壊的技術は，従来とは異なる価値基準を市場にもたらす。一般的に，破壊的技術の性能が既存製品の性能を下回るのは，主力市場の話である。しかし，破壊的技術には，そのほかに主流から外れた少数の，たいていは新しい顧客に評価される特長がある。

　第2に，技術の進歩のペースは，市場の需要が変化するペースを上回る可能性があり，そのようなケースが多い。顧客が必要とする以上のものを提供

図2.2 持続的イノベーションと破壊的イノベーションの影響

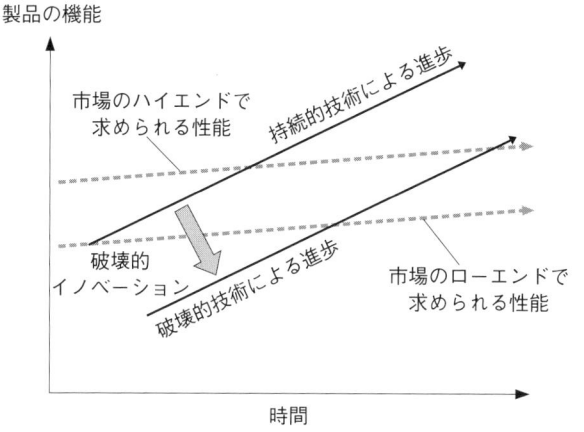

出所：Christensen（1997），玉田俊平太監修，伊豆原弓訳。

してしまうのである。さらに重要な点として，破壊的技術の性能は，現在の市場の需要を下回るかもしれないが，明日には十分な競争力を持つ可能性がある（図2.2）。このため，いくつかの市場における技術アプローチの関係性や競争力は，時間とともに変化する場合がある。

　失敗の第3の理由は，既存技術でリードする安定した企業が，破壊的技術に投資することは合理的ではないと判断することにある。この判断には3つの根拠があり，第1に，破壊的製品の方がシンプルで低価格，利益率も低いのが通常であること。第2に，破壊的技術が最初に商品化されるのは，一般に，新しい市場や小規模な市場であること。第3に，大手企業にとって最も収益性の高い顧客は，通常，破壊的技術を利用した製品を求めず，また，当初は使えないことである。概して，破壊的技術は，最初は市場で，最も収益性の低い顧客に受け入れられる。そのため，最高の顧客の意見に耳を傾け，収益性と成長率を高める新製品を見出すことを慣行としている企業は，破壊的技術に投資する頃には，大幅に出遅れた状況であることが少なくない（Christensen，1997）。以上，本節では，イノベーションの類型について主要な研究を整理した。

2.2.2 経営レベルでのマネジメント

Noci & Verganti（1999）を応用的に捉えると，イノベーション・マネジマントについては以下の3つのオプションが考えられる。

(1) 反応型戦略：技術や市場という外部環境の変化に反応して採られる戦略。

(2) 予測型戦略：将来の競争優位の源泉が考慮され，早期の新技術獲得が競争優位をもたらすものと判断し，選択される戦略。

(3) イノベーション成果活用戦略：特定技術にかかわる問題を最重要であると認識し，企業内でのイノベーションによる解決策を求める戦略。この戦略は開発された新技術の導入とそれにより生じた戦略製品を新市場創造に繋げる戦略。

まず，(1)反応型戦略は，外部環境の変化によって採択される戦略オプションであり，環境変化に反応することによって新たな戦略が採られるため，そのほとんどが即応的になり，早期の優位性の獲得が狙いになる。従って，この戦略オプションでは相当な不確実性が伴う。早期に優位性を獲得できなければ，技術導入に向けられた投資の大部分が回収不能な費用（サンク・コスト）になってしまうリスクが存在する。この戦略は新規技術や設備などを獲得し，活用することに重点が置かれており，そのため技術開発した企業の経験にフリーライドする側面が大きく，自社内の経営資源は限られた範囲で活用されるのみで自社内での学習効果発現は期待されず，自社固有の戦略製品による新市場の創造は望むことが難しくなる。しかし，それ以前に外部環境の変化に対応できない場合，企業としての存続すら危ぶまれる。

(2)予測型戦略の特徴は次のようになる。この戦略は新規技術導入の時期の予測が前提とされるため計画的であり，技術導入の速度は速いものの，導入準備が比較的準備されているために，部分的でも事前学習や経営資源の活用がなされることになる。その点においては，反応型戦略に比べて，新規技術や設備導入に伴って予測される回収不能なコストの発生を低減することができる。

(3)イノベーション活用型戦略は，企業内のイノベーションを基盤として，新市場の創造を果たそうとする特徴を持つ。この戦略は内部の経営資源の活用と学習を伴う事前的な取組みを持つのである。この戦略は新規技術の導入による戦略的な製品をもって，新市場の創造を目指そうとするものである。

　非連続な技術革新が企業に与える影響に関する研究が進むとともに，近年，非連続な技術革新を既存企業が内部から創出するにはどうしたらよいか，という研究が盛んになっている。Utterback（1994）は米国において46事例の非連続的技術変化を調査している。

　非連続的技術変化を起こすことは新規参入企業の方が有利な一方，既存企業も起こすことが可能であることを記述している。Tushman & O'Reilly（1996）は，業種にかかわらず先行者的な企業が急速な変化の時期に直面して，競争的劣位に陥る場合が多いことを観察し，具体的に企業がどのように対応すべきかを，過去の事例や経営コンサルタントとしての実務経験をもとに提言している。既存企業に対する対応策として，連続的技術と非連続的技術に対応するには別々の異なる組織を必要とし，両利きの組織を提案している。

　Christensen & Raynor（2003）は戦略策定プロセスをマネジメントすることが，戦略そのものよりも経営に与える効果が高いことを記述している。方法としては，戦略策定プロセス（トップダウン）と創発的プロセス（ボトムアップ）の2つになるが，Christensenらは，この2つを組み合わせ，状況に応じた戦略策定の方法論を提示している。また，将来を見通すことは困難で，正解がわからないような状況では，創発的プロセス主導で戦略を策定することが望ましく，他方，ある程度先行きが見通せる状況であれば，その場合にはトップダウンによる意図的戦略プロセス主導で戦略を策定するべき，とされる。この成功事例として，インテルのマイクロプロセッサ事業の事例研究が挙げられる（Burgelman, 2002）。

　我が国においては，榊原・辻本（2003）が，近年のイノベーション課題自体が変化しているという問題提起を行っている。「プロセス・イノベーション」から「プロダクト・イノベーション」への変化を挙げている。その内容として，従来日本の企業は「プロセス・イノベーション」に注力し，そして成果を上げてきた。しかし生産地としての新興国の台頭もあり，その優位性は失われている。そのため，真に画期的な製品（サービス）の創出すなわちプロダクト・イノベーションの重要性が高まっている。しかし，プロダクト・イノベーションの創出は，容易ではない。そのため研究開発から成果を得るのが難しくなっていることを記述している。

また，イノベーションに備えた外部組織活用について，武石（2003）は，競争優位のために外部組織を活用する必要性とマネジメントのあり方について，自動車産業を題材に詳細な分析を行っている。ここでは競争上重要な業務を外部組織にゆだねながら，一方で競争優位を築かなくてはならないジレンマをいかに克服していくか，について検討を行っている。榊原（2005）では，上記にくわえて，連続的な技術変化から非連続な技術変化への対応へと直面している課題が移行していることを指摘している。

　以上，イノベーション・ダイナミクスとイノベーション・マネジメントに関する主要な研究をレビューしてきた。非連続な技術変化は産業の領域も変えてしまうほどの影響があることから，1970年代から着目され，多数の研究が蓄積されてきた。これらの主要な研究の成果についての要点は下記のようになる。

① 非連続な技術変化は従来の優良企業を危機に陥らせる。また，非連続な技術変化を創り出した企業は競争優位となる。

② 連続技術と非連続技術では，必要となるマネジメントが大きく異なる。

③ 企業が長期に存続していくには，連続技術と非連続技術という2つの異なる技術に同時に取組むマネジメントが必要となる。

　このように，蓄積されてきた先行研究が見られる一方，課題点も残る。近年の非連続技術のマネジメント研究は，組織内の資源活用によるイノベーション創出を対象にした，前述の(2)予測型戦略や(3)イノベーション成果活用戦略に近接する研究領域に偏重している傾向が見られる。しかし，外部環境が変化してしまい，後発的にでも対応しなくてはならない状況に直面する産業や企業は多数存在する。そのようなケースの研究を積み重ねることも企業の存続や再成長に関する研究として重要である。

　そのため，(1)反応型戦略についての具体的な研究，特に変化に反応するための有用な戦略行動や学習パターンに関する実証的な分析が示されていないことは大きな課題であり，その局面に直面する企業が採るべき戦略を明確にできない要因となっている。

2.3　外部資源活用および内部資源蓄積戦略に関する先行研究

2.3.1　外部資源活用および内部資源蓄積による戦略の類型

　本研究は，非連続に生じた技術変化に対応するためのイノベーション戦略を議論の中心に据えている。以下では，それに関連して，内部蓄積および外部資源活用による戦略の類型について先行研究を概観する。企業の環境変化への対応についてはこれまで，「複数の事業を自社の境界内に保有する」という多角化戦略の視点から議論されてきた。多角化戦略の代表的な研究としてAnsoff（1957）は製品・市場の2軸から4つの成長戦略を導き，その一つに多角化戦略を位置づけている。

　多角化に関する議論はその後，顧客機能，顧客層，代替技術から事業を規定するドメイン（Abell, 1980）や事業投資と企業成長を結びつけたPPM[1]〈プロダクト・ポートフォリオ・マネジメント〉（Henderson, 1973）へ発展する。

　桑嶋（1996）は，企業が新たに資源・能力を獲得しようとする場合，大きく，「内部開発」と「外部からの獲得」の2つの方法を提示し，後者の「外部からの獲得」にはさらに，「M&A」「提携」などに分けられることを提示している。

　このほか，外部資源のマネジメントについて，武石（2003）は，分析の視点として，「外部組織のマネジメント」と「内部組織のマネジメント」に分類し，それぞれのやりとりと「外部組織との分業成果」の関係性について実証分析と事例分析を用いて考察を試みている。

　原田（2014）はイノベーションに対応する戦略の類型について，「直接的なイノベーション戦略」と「間接的なイノベーション戦略」に分類し，直接的なイノベーション戦略では長期間の取組を前提にR&Dを中心に，組織能力を構築し，技術成果の獲得確率を高める必要があることを記述している。一方，競争環境の厳しさや環境変化の速さに対応するためには，長期的な時間軸で組織能力を構築する戦略を採択することが難しくなってきていることも示唆している。その対策として，間接的なイノベーション戦略を用いて短期的な市場圧力に対応する方法を提示している。ここでの間接的イノベーションとしては，① M&A，② 外部組織との提携，を挙げている。このように，新

表2.1　多角化に伴う新製品・新市場への対応方法の種類と得失

項目	M&A	提携・OI	R&D
投資コスト	×	○	×
変化への対応速度	○	○	×
機会の出現	×	○	○
ノウハウの維持	○	×	○
組織のマネジメント	×	×	○

注：図中の「○」,「×」は，それぞれ「相対的に優れる」,「相対的に劣る」ことを表す。
出所：嶋口・内田・黒岩（2009）をもとに筆者作成。

規技術への対応を新製品・新市場への成長の方向性と捉えた場合，同時に考慮する必要があるのは，その方法である。各方法の種類と得失について，嶋口・内田・黒岩（2009）が整理している（表2.1）。

ただし，これらの整理は，その根拠となるようなデータは定性的にも定量的にも示されておらず，筆者らの記述によるものである。そのため，この整理に従って技術変化や多角化への対応を検討するには粗く，十分であるとはいえない。これらの整理がデータに裏打ちされるのか，確認をする必要性がある。

上述に挙がる対応方法のうち，企業戦略の中で，M&Aや提携が，昨今極めて有力な戦略行動のオプションになってきていることを，Barny（2002）は指摘している。また，Dyer, Kale & Singh（2002）のように，内部資源開発のR&D，M&A，戦略提携を適切に組み合わせることが望ましいという指摘もある。

次節以降では，M&A，提携・OI，R&Dという非連続変化に対応するための戦略行動についての整理を行う。

2.3.2　M&Aに関する整理

a）M&Aの効果に関する研究

M&A は，企業株式の買い手，売り手の双方が経済合理性を追及した結果として生じる，と理解できる。すなわち，独立性のある2つ（またはそれ以上の）企業が合併することによって生じるシナジー効果によって経営の効率

性を改善することが期待できるからである。

その効率化の源泉は，規模の経済性，範囲の経済性，時間の節約などである。それらによって効率性が改善する。こうした効果を追及する企業の行動は，理論的にいえばCoase（1937）という古典的な研究で明らかにされたとおりであり，企業は取引コストを最小化すべく企業の内部と外部の境界（つまり事業の範囲）を設定する行動をする，と解釈できる。そしてその具体的手段の一つとしてM&Aを位置づけることができる。つまり，企業は規模を拡大するのが常に望ましいわけではなく，市場環境の変化に伴って，ある場合にはM&Aによる規模拡大（他企業の統合）ないし事業多様化が，そして別の場合には事業売却あるいは子会社売却など規模縮小が経済合理性に見合う行動となる。そしてM&Aは，買収企業にとっては前者の対応を意味し，被買収企業にとっては後者の対応策を採ることである，と理解できる。

M&Aの効果を企業のパフォーマンスの変化によって評価する視点がある。これには大きく2つの定量的手法が適用される。一つは，M&Aは資本市場において株式という資産を売買することに他ならないので，その効果は株価を見ればよい，という手法である。つまり，企業の価値は全て株価に集約して表れること（株式市場の効率性）を前提とし，M&Aの前後における株価（企業価値）に焦点をあててM&Aの効果を把握する行き方である。

これはファイナンス理論からの接近方法であり，従来のM&A効果の研究では国内外とも圧倒的に多くの場合にこの方法が採用されている（井上，2006）。

もう一つの考え方は，企業パフォーマンスをより具体的に示す各種経営指標（財務指標）がM&Aの前後においてどのように変化したかという点に焦点をあてる手法である。この場合，各種の計量経済学的手法を適用することが可能であり，この接近も定量的方法といえる。なお，M&Aの効果を評価する場合，M&Aの前後における株価の変化を問う視点と各種財務指標の変化を問う手法は，基本的，原理的に同様の結果をもたらすはずであると考えられる（Shleifer & Vishny, 2003）。しかし，国内外の現在までの諸研究では両者を統一的に扱ったものは存在しないといわれる（岡部・関，2006）。

成長戦略において買収・合併が効果的なのは，(1)スケールメリットを狙って，同程度の規模の企業が統合する場合，(2)人材のようなソフトな資産ではなく，

製品そのものなどのハードな資産の獲得を目的とした場合，⑶余剰資源が豊富で，その整理・統合による削減のコストメリットが期待される場合，⑷経営資源をめぐる競争が激しい場合，とされる（Dyer, Kale & Singh, 2002）。また，事業の多角化や新製品市場への参入においては，変化への対応速度が速いことが述べられている（嶋口・内田・黒岩，2009）。

M&Aは上記のような効果が期待されるものの，全てのM&Aが無条件に望ましいものであるとはいえない点は十分に留意する必要がある。M&Aが持つ負の効果についても議論があり，第1に，敵対的買収の場合，従業員や取引先など利害関係者によってそれまでなされてきた企業固有能力（firm-specific skill）の価値が，M&Aに伴う経営再編によって，低下ないし毀損するという負の効果が大きく現れる可能性がある。それは労使間での信頼関係を破ることに伴う負の効果であり，そうした効果がM&Aの正の効果を上回るならば，敵対的買収の純効果は負となる。なお，M&Aのうち敵対的買収について，その純効果は理論的には不明である（Shleifer & Vishny, 1989）。第2に，企業経営者は企業利益（株主利益）よりも私的利益を優先させる（いわゆるエージェンシーコストが発生する）可能性があり，その程度が大きければM&Aのメリットが減殺されるからである（Shleifer & Vishny, 1989）。

b）M&Aと組織能力に関する研究

日本企業全体においてM&Aが活性化している動向は見られるものの成功事例は少なく，M&Aを成功に導く組織能力の重要性が論点の一つとなっている（伊藤，2013）。

Hayward（2002）では，M&Aに関する高い学習効果を得るためには，⑴事業内容や規模において適度に類似する複数の案件を実行することが重要であること，⑵M&Aが失敗体験にならない程度の適度に小さなロスを経験することが重要であること，⑶案件間の時間的間隔を適度に保つことが重要であること，の3点を挙げている。

また，中村公一（2003）では，特定の目的を果たすために複数回に亘るM&Aを実施する能力を「M&Aコンピタンス」と位置づけ，その獲得における専門部隊の内部に関する議論を記述している。そのM&Aに関する学習を効

果的に行うためには，属人的な知見に留めないための組織蓄積を経て，M&A
プロセス自体がシステム化（形式化）されるに至ってコンピタンスとして成
立することを事例分析によって示している。

Helfat, Finkelstein, Mitchell, Peteraf, Singh, Teece & Winter（2007）は新
しい資源の外部調達の手段として，企業が買収を活用すると指摘し，買収の
ダイナミック・ケイパビリティ（Acquisition based Dynamic Capability：
ABDC）は，「買収機会の選択」，「対象企業の識別」，「買収後の再配置」とい
う3つの主要な要素からなると説明している。

ここまでのM&Aに関する先行研究の整理から，M&Aの効果には企業価値，
財務指標の評価や資源獲得の即効性に関する正の効果と，敵対的買収を中心
に従業員やステークホルダーとの信頼関係の低下などに関する負の効果とい
う両側面について議論が存在する。

また，研究課題として，M&Aから得られる組織学習の効果については明
確な研究がなされているとはいえない。つまり，M&Aを成功に導くための
組織能力の研究は積み重ねがあるものの，M&Aから得られる新規技術や人
材・ノウハウ，そこから得られ組織学習効果については必ずしも明確ではな
い。

2.3.3　オープン・イノベーションおよび技術提携に関する整理

a）オープン・イノベーション・提携に関する先行研究

外部資源の活用について，近年，Chesbrough（2003）はイノベーションの
不確実性を軽減するために，自前でのクローズドなイノベーションにのみと
らわれるのでなく，外部資源を活用する「オープン・イノベーション」の必
要性を提唱している。これは，企業が社外のアイデアを積極的に取りいれて
自社のイノベーションに結びつけ，また社内の未活用のアイデアを積極的に
社外で活用してもらう取組みとして定義される（Chesbrough, 2003）。この
OIという概念は，「企業が技術革新を継続するためには，企業内部のシーズ
と外部（他社）のシーズを用いて，企業内部または外部において発展させ商
品化を行う必要がある」というものである。

この概念が提唱される以前の20世紀末頃までは，企業は自社技術を育て

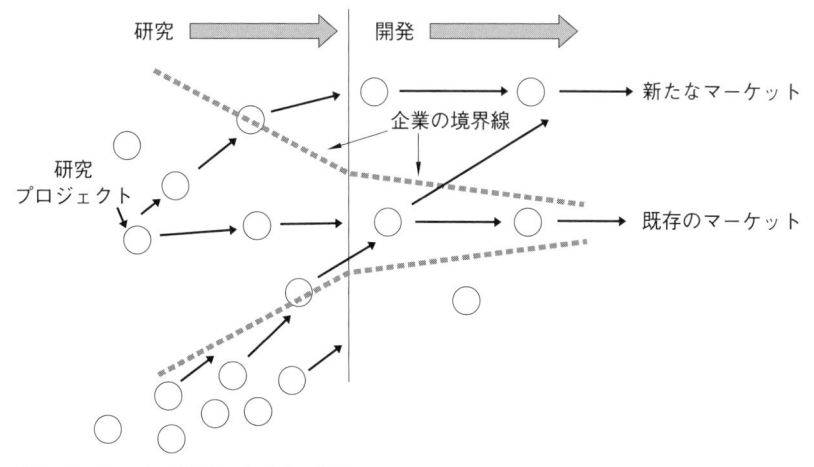

図2.3　オープン・イノベーションによる研究開発マネジメント

研究　開発

新たなマーケット

企業の境界線

研究
プロジェクト

既存のマーケット

出所：Chesbrough（2003），大前恵一朗訳。

自社開発した製品を自ら販売することが最善であると考えていた。いわゆる，クローズド・イノベーション（Closed Innovation）であった。しかし，最先端の科学を駆使したITやソフトウエアなどの産業では，技術革新が劇的で市場は急激に変化し，製品のライフサイクルは短くなり期待した利益を得られない状況に陥った。

　図2.3は，オープン・イノベーションの概念図を示したものである。前述のようにオープン・イノベーションは，企業内部と外部のシーズを有機的に結合させ，価値を創造することをいう。このことを，図2.3に基づいて説明すると，オープン・イノベーションによって，シーズがマーケットに創出される過程を示している。研究シーズやプロジェクトは，企業内部のみならず，社外にも存在する。シーズがマーケットに創出されるのも，企業内部からだけではなく，外部を介した新たな過程によってマーケットに創出することもできるとされる。

　そのOIの成立要件に関する研究として，澤田・中村・浅川（2010）では，日本の製造業の本社と研究所を対象に実証分析で試みている。研究レベルでのOIのパフォーマンスを詳細に把握するために，基礎研究段階，応用研究段階，

開発段階の3工程に分類し，分析を行っている。その結果OIの成果は，基礎研究では正で有意に見られるものの，応用研究と開発段階では統計的な有意を示さなかったとされている。このことは，大学やベンチャーから先端的な技術や知識が流入するのは，川上段階であることが重要であり，そのために基礎研究段階でのOIが有用であるとされる。一方，川下工程である開発段階では，外部知識の流入が重要であるとはいえず，つまり活用（exploitation）の段階にあたる，川下工程においては社内に蓄積された情報をいかに活用するのかが重要であり，同工程においてオープン・イノベーションによる外部からの情報収集はパフォーマンスに影響を与えにくいことを示唆している。

　また，OIはイノベーション創出において有用な方法であるが，その有効性の範囲を確認する研究も見られる。Laursen & Salter（2006）は，英国企業を対象に革新的な企業はイノベーション創出プロセスの重要な方法として，新しい事業のアイデアの探索方法を変更し始めていることを記述している。また，その上で，イノベーション創出の成果と探索の幅の広がりの関係性は，ある程度を境に逆U字曲線をとることを実証分析により提示している。

　OIは近年，経営学分野で勃興した研究分野で高まっている領域であり，OIの提唱者であるChesbroughは経営学の主要な学術誌におけるOIに関する研究論文数の増加と引用数を整理している。その中で，OIにおいても研究分野が多様化しており，分析対象レベルも個人単位・組織単位・企業単位・企業間ネットワーク単位・産業単位・国単位と広範に亘っていることを報告している（Chesbrough & Bogers，2014）。

　また，近接する研究分野として外部組織との提携戦略がある。企業戦略の中で提携が，昨今極めて有力な戦略行動のオプションになってきていることを，Barny（2002）は指摘している。

　特に，不確実性が高い場合には外部組織との提携が望ましいとされ，人材などのソフト的な経営資源の獲得においては，実施後の人材流失やモチベーション低下に繋がりづらく，M&Aよりも提携が適している（Dyer, Kale & Singh，2002）。また，事業の多角化や新製品市場への参入においては，R&Dに比べると変化への対応速度が速いことが述べられている（嶋口・内田・黒岩，2009）。

b）OI・外部組織連携と組織能力

　OI研究では，オープン化の環境での価値の創造や獲得は「土台となる組織能力」がない戦略で実現されているわけではなく，技術や知識が分散しているオープンな環境では，そうした技術や知識をマネジメントするOI能力が必要であるとしている（Chesbrough, 2003）。

　Chesbrough（2003）はOIを試みる企業における概念と内外技術の統合の意義を指摘しているものの異なる技術分野での有用性や基礎研究段階での組織能力の必要性についての検証はなされなかった。OIにおける組織能力については，その後，Lichetenthaler & Lichetenthaler（2009）が，OIのプロセスには，対象領域の基礎研究段階の組織能力がかかわっていることを提示した。

　組織能力については，提携のインセンティブが従来から多くの先行研究で重視されてきた（Dosi *et al.*, 2000）。さらに組織能力を左右する要因としては，受容能力（absorpive capacity）が重要とされる。

　受容能力については，Cohen & Levinthal（1990）が指摘するように，研究開発投資は，自社の研究開発能力を向上させるとともに，他社または外部研究機関の研究成果を認識し，正しく評価することを容易にする，という2つの効果がある。受容能力が高まることで，提携が容易になるのである。さらに組織学習における「探索（exploration）」と「活用（exploitation）」の議論がある。これまで先行研究では，「探索」と「活用」とは対照的，二律背反的な組織学習とされ，「活用」に力を入れると「探索」がおろそかになると説かれてきた（March, 1991）。イノベーションとの関連で見ると，持続的イノベーションは組織の有する既存の知識を活用したものと見ることができ，March（1991）の言葉を使えば「知の活用」にあたる。一方で，非連続なイノベーションは，これまでとは異なる新たな知識を探求してきた成果であり，「知の探索」といい換えることができる。

　連続的イノベーションに対応するために「知の活用」を高度ルーティン化しつつ，非連続イノベーションに備えるために「知の探索」を進めるための打ち手については，議論がわかれている。一つは，既存の組織でダイナミック能力を活用して破壊的イノベーションを実現するのは難しいため，独立した別組織をつくり，そこに任せるべきだとする隔離論（Christensen, 1997），もう一つ

は既存組織のままでも破壊的イノベーションは実現可能であり，競争優位を持続できるのは，知の探索部門と活用部門の違いを認めつつ，両部門が協力し合えるよう組織の上層部で融合を図るという，いわゆる「分化（differentiation）」と「統合（integration）」を重視した「両利き（ambidexterity）」とよばれるマネジメントを実践し，既存の組織内で非連続イノベーションと持続的イノベーションを同時に実現しているところだと捉える立場である（O'Reilly & Tushman, 2004）。

　上述の整理のようにOI・提携に関する研究領域では多数の研究が積み重ねられている。本研究はOI研究の中でも，技術や知財の取り込み，すなわちインバウンド型の価値獲得に関する研究領域を対象にしている（真鍋・安本, 2010）。

　OIは，より早期のシーズ，基礎研究段階で有用性を示すこと，また，不確実性が高い場合には外部組織との提携が望ましく，人材流失やモチベーション低下を回避する点では，M&Aよりも提携が適している（Dyer, Kale & Singh, 2002）。さらに，事業の多角化や新製品市場への参入においては，R&Dに比べると変化への対応速度が速いことが述べられている（嶋口・内田・黒岩, 2009）。

　OIは，非連続に生じるイノベーションへの対応においても有用性を示すことが想定され，そのためには，非連続イノベーションと持続的イノベーションを同時に実現する両利きの経営が重要であるとされる（O'Reilly & Tushman, 2004）。そのメカニズムを明らかにするためには，組織構造に関する研究にくわえて，実際のOI実務に携わる基礎研究部門により深く焦点をあてた実証研究が必要となることが考えられる。

2.3.4　R&Dマネジメントに関する研究

a）R&Dマネジメント

　研究開発に関する研究成果が報告されるようになったのは，1960年代からといわれる。前述のLawrence & Lorsch（1967）は研究開発組織と他部門との関係，全社の中での研究開発の位置づけをいかにすべきかについて，部門

間のコンフリクトに注目し，組織をシステムとして捉え，その分化と統合の概念を提示した。Allen（1977）は研究開発の仕事の有効性に最も重大な影響を与えるものにコミュニケーションの問題が含まれているとして，研究組織内外のコミュニケーションの問題を研究した。研究開発をプロセスの視点から考察したのが，Prahalad *et al.*（1989）である。彼らは，エレクトロニクス，オーディオ分野の製品を例に取り上げ，コアテクノロジーと関連づけて事業領域を定義することの重要性を論じた。社内ベンチャーの実証研究を通じて，企業内で科学技術的な発想がどのようにして事業化されていくのかについて検討したのがBurgelman & Sayles（1986）である。彼らは，ミドル・マネジャーやプロダクト・チャンピオンおよびプロジェクト・リーダーの役割の重要性を強調している。

　1980年代後半になると，技術革新を戦略論的なアプローチから研究する動きが見られるようになった。研究開発活動に全社レベルでの戦略的視野が必要となってきたからである。Clark（1989）は科学的・技術的知識をエンジニアリング，マーケティング，人的資源管理，製造分野での強みと結合させることが経営者に求められていると指摘している。1990年代以降の研究開発マネジメント研究の一つの領域が製品開発研究である。1980年代から日本企業における製品開発マネジメントが注目を集め，多くの知見を提供してきたからである（Clark & Fujimoto, 1991；Hamel & Prahalad, 1994）。こうした中で競争優位の源泉として「組織能力」に関する議論が登場してくる。Teece & Pisano（1994）は企業のダイナミック・ケイパビリティの中で最も重要なものは，効率的な統合と学習を実現するプロセスであると論じた。藤本（1997）は，組織能力とは，安定的な活動と資源のパターンであり，企業間の競争成果の差異に影響を与えるものであると指摘している。

　連続的なイノベーションの進展において研究開発は有効な戦略であるとされる（Christensen, 1997）。日本の製造業においても後藤・永田（1997）は，イノベーション実現においてR&Dが本源的な要因の一つであることを実証分析から報告している。

　一方近年，研究開発効率という指標においては，日本は低下傾向にあり，欧米諸国の水準を下回っているともいわれている。榊原・辻本（2003）は，日

本企業のR&Dの売上や利益への貢献や研究開発生産性が低下してきていることへの問題を提起している。

また，新製品・新市場への成長に向けた方法としてのR&D戦略の得失として，組織マネジメントのしやすさと組織学習（ノウハウの蓄積）においては効果を示す一方，即時性に関しては，M&Aや提携に比べると，効果発現までに時間を要することが述べられている（嶋口・内田・黒岩，2009）。

b）R&Dと組織能力

基礎研究者にマネジメントは困難なのか。この問題意識に通ずる，基礎研究者の組織能力の積み重ねによる研究成果への影響を確認している研究として，延岡（2007）がある。

延岡（2007）は，総合電機産業の研究者を対象に，組織能力の蓄積と法的保護・技術優位性の構築による模倣からの保護の強さが，研究成果に与える影響の実証分析を試みている。実証分析の結果，競合からの模倣困難を築き，研究成果に繋がるのは，法的保護・技術優位性の構築よりも組織能力の構築であるとしている。ただし，延岡（2007）は，これらの実証分析結果は，あくまで総合電器産業によるものであり，他産業では異なる可能性があること，医薬品産業では法的保護の重要性が高いなど，産業により相違があることを考察している。

基礎研究段階での取組みに関する先行研究を大きく2つに分けて考えることができる。第1に法的，技術優位性に基づく制度的な模倣保護権利の獲得である（Rumelt，1984）。特に，医薬品業界においては，法的に物質特許が認められてからは，特許を取得できるか否かが競争優位を構築する上で大きく影響する（杉田，2006）。また，Barney（2002）によると，業界標準や事実上の標準という代替的な模倣を阻止する方法もあるが，特許は主に直接的な模倣困難性を築き，業界標準や事実上の標準は代替的模倣の困難性を構築するものであるとされる。

このほかに，Lieberman & Montgomery（1988）は，他社に先駆けて取組むことで得られる競争優位に注目して「先行者の優位性（first mover advantage）」という理論を提示した。この理論は，「早期に取組んだ方がなぜ有利なの

か」という問いに対する一つの有用なフレームワークである。Lieberman & Montgomery（1988）では，先行者優位性の源泉として，⑴技術的先行，⑵資源の先取り，⑶買い手の切り替え費用，を挙げている。また，技術的先行を構築するメカニズムとして，１）経験曲線を早く駆け降りること，２）特許取得や研究開発競争での優位が重要であることを記述している。さらに小川（2014）では，製造業を対象に複数の事例分析を積み重ねて，外部市場に切り出すオープン化と自社内に留めるべきコア部分のクローズド化における知的財産のマネジメントの重要性を提示している。

　第2に，長い時間をかけて積み重ねないと蓄積することができない組織能力である（Dierick & Cool, 1989；藤本，2003；Barney，2002；延岡，2007）。積み重ねてきた能力とはノウハウや，試行錯誤した経験から得た研究設備や研究プロセスなどである。

　このような組織能力が構築できれば，競合他社よりも技術優位性を保ち，早期の模倣を阻止することができる。また，近年，組織能力の蓄積について，ダイナミック・ケイパビリティの議論が見られる。この概念の原初的な定義としては，組織の現行の慣習・学習パターンを統合したり再配置したりして，急速な環境変化に対応する能力や組織の資源ベースを創造，拡大，修正する能力のこととされる（Teece, 2009）。

　以上のようにR&Dに関する先行研究を整理した。従来型の連続的なイノベーションにおいては，R&Dが有効な戦略であることは多数の研究で積み重ねが見られる。一方で非連続なイノベーションにおける有用性の有無に関しては十分な研究があるとはいえない。

　嶋口・内田・黒岩（2009）は，新製品・新市場への成長に向けた方法としてのR&Dは，即時性に関しては，M&Aや提携に比べると，効果発現までに時間を要すると述べているが，非連続イノベーションへの対応を対象に評価したものではないことにくわえて，定性的な整理に留まっているので，実証分析で確認する余地が残されているといえる。

2.3.5 先行研究に基づく残された課題と本研究の分析フレーム導出

ここまで，イノベーション・ダイナミクスとイノベーション・マネジメントに関して多数蓄積されてきた研究群を概観した。当該研究領域は十分な研究成果が見られる一方で，いくつかの研究課題点も残る。まず，近年の非連続技術へのマネジメント研究は，組織内の資源活用によるイノベーション創出を対象にした，予測型戦略やイノベーション活用型戦略に近接する研究領域に偏重している傾向が見られる。しかし，外部環境が変化してしまい，後発的にでも対応しなくてはならない状況に直面する産業や企業は多数存在する。そのようなケースの研究を積み重ねることも企業の存続や再成長に関する研究として重要であるということである。

そのため，Noci & Verganti（1999）が提示する，反応型戦略についての具体的な研究，特に変化に反応するための有用な戦略行動や学習パターンに関する実証的な分析が示されていないことは大きな課題であり，その局面に直面する企業が採るべき戦略を明確にできない要因となっている。

未検討の研究範囲として，(1)企業に生じた非連続的な技術変化への反応型戦略を対象に，内部蓄積と外部資源の活用も含めた適応戦略の有用性についての実証的な検討がなされていないこと，(2)非連続的な技術変化において，内部資源蓄積と外部資源活用のうち，どの戦略が有用なのか，同時比較がなされていないこと，(3)非連続的な技術変化への反応型戦略において，外部資源活用の戦略における組織能力の蓄積のメカニズムまで深く掘り下げて実証分析がなされていないこと，が挙げられる。これらに関しては十分な検討がなされた研究は見られない。そのため，上記を検討することは当該研究分野において重要であると考える。

また，先行研究のサーベイを介して，上記の課題を解決することに対応する理論仮説として下記が設定される。

① R&Dは連続技術に対して効果（資産効果・技術効果・学習効果）を示すことがいわれているが，非連続的技術への対応においてはR&Dの効果は低下する。
② OIは非連続技術に対して効果が期待される。

図2.4 本研究で提案する「技術変化に対応するイノベーション戦略モデル」

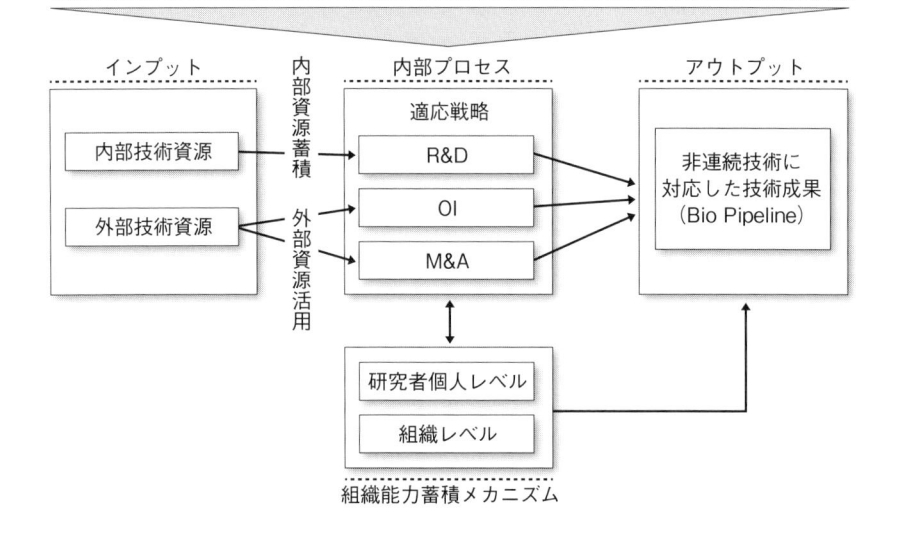

③ M&Aは非連続技術に対して効果が期待される。

　これらの先行研究のレビューを踏まえて，イノベーション研究領域において検討がなされていない研究範囲に対応する本研究の分析のフレームは次のようになる（図2.4）。

　本研究では，研究課題にこたえるために，(1)市場（顧客）からの距離が遠いことで，ユーザー・イノベーションが適応できないこと，(2)「基礎研究・技術開発型」の良し悪しで明確に優劣がつく純粋な科学産業であること，(3)現在，非連続な技術変化に直面していること，これらの研究対象としての条件に適合する産業として医薬品産業を取り上げる。

　また，本検討課題の対象として十分な研究が積み重ねられていない類似産業への適合可能性についても期待される。

　よって，第3章では医薬品産業の特徴と背景を概観し，第4章では，提示した分析フレームに従い，どのようなイノベーション戦略のうち，どの戦略が有用なのか，上記の理論仮説の検証を実証分析により試みていくこととす

る。

〈注〉

1　PPM とは Product Portfolio Management の頭文字をとったものである。PPM は 1960 年代後半
　　〜1970 年代にかけて，経営コンサルティングファームのボストン・コンサルティング・グルー
　　プにより開発されたといわれている。

3章

医薬品産業の概略

　近年，日本の医薬品産業を取り巻く環境は大きく変化しつつある。かつては，急速に拡大する国内需要や改良型新薬の市場性の大きさ，後発品市場の未熟性など日本の医薬品市場に特有の環境を背景に，製薬企業は海外市場をあまり視野に入れなくとも，国内市場に専心していれば成長することが可能であった。しかしながら，日米EUによる国際的な医薬品開発に関する諸制度の統一化（ICH：International Conference on Harmonization）などの進展により，医薬品に関する国境の壁は急速に低くなっている。[1] 合併・買収による再編のプロセスを経てグローバル化した欧米の製薬企業は独自の販売力を強化し，日本市場でのプレゼンスを拡大しようとしており，国内市場における競争は今後一層激化することが予想され，事実，外資系製薬企業による日本進出は毎年増加している。それと同時に，低分子合成薬の成熟化やバイオ医薬品など新技術の導入による研究開発費の高騰もあり，日本の製薬企業もグローバルな視点で研究開発を実施し，製品を世界市場で上市するとともに，R&Dの早期回収を図るなど経営の効率化を進めることが求められている。

　人口の高齢化に伴い，国民医療費の総額が増加しているが，国の財政支出削減が求められ，医療保険財政の悪化の影響もあり，引き続き，薬価が下げられる方向にあり，国内の医薬品マーケットに期待はできない。これまで国内の医薬品産業を事実上保護してきた政府も，国際的に見られる変化に直面し2007年には厚生労働省が「新医薬品産業ビジョン」を策定し，国家戦略と

して日本の医薬品産業の国際競争力を高めることを打ち出している。このビジョンでは，産業発展の原動力であるイノベーション，すなわち革新的な医薬品を次々と創り出していくことを強く求めている。[2]

3.1　医薬品産業の定義

ここでは医薬品を「生物由来，医薬化合物等で，人間の病気を治療し，症状を軽減し，時には寛解する」と定義する。この医薬品を消費者である患者に供給するプロセスを細分化して，研究開発，製造，流通，消費と区分する。このうち研究開発には基礎研究，応用研究，開発研究，市販後調査研究が含まれる。また，流通にはマーケティング・販売，MR活動，卸，処方，調剤と医療保険による給付が含まれる。また，ここでの製薬企業とは，医薬品の研究開発，製造，マーケティング・販売，MR活動の全部あるいは一部を行う企業と定義する。狭義の「医薬品産業」はこのような製薬企業によって構成されるとする。医薬品供給にかかわるその他の主体としては研究機関，病院，臨床あるいは販売等のサービス請負企業等がある。

また，流通には卸業者，薬局，病院等がかかわる。医師は医薬品を処方し，薬剤師は調剤を行う。さらに医療保険制度は医薬品供給に関与する。広義の医薬品産業は医薬品を患者に提供する主体全部を含む。本研究で対象とするのは狭義の医薬品産業である。

3.2　医薬品産業の特徴

戦後，生産設備の壊滅状態から再開された日本の医薬品産業は2010年度には医薬品生産額で6兆7,800億円に達した（表3.1）。このうち6兆1,500億円と9割強が医療用医薬品である。製薬企業の数は370社程度で，そのうち薬価収載を持つ企業が約97%である。[3]

表3.1　日本の医薬品産業

	生産額 （億円）	医療用医薬 品生産額 （億円）	製薬 企業数	薬価基準 収載品を 有する企業	雇用数	研究 開発費 （億円）	国民医療費 （億円）
1990	55,954	47,203	1,496	459	197,000	5,161	206,074
1995	61,681	52,436	1,512	475	245,000	6,422	269,577
2000	61,862	53,972	1,145	457	210,000	7,462	301,418
2005	63,907	58,413	972	415	190,000	10,477	331,289
2010	67,791	61,489	370	358	165,000	12,760	374,202

出所：日本製薬工業協会『Data Book』（各年）より作成。

図3.1　世界の医薬品市場規模

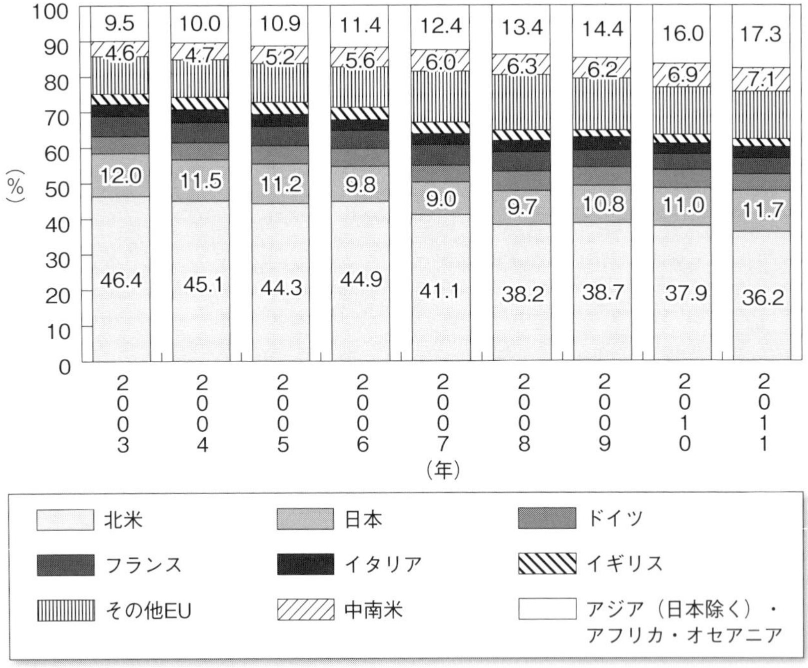

出所：日本製薬工業協会『Data Book』（各年）より作成。

　次に，医薬品生産額の世界市場における位置づけを見ると，日本の医薬品
市場は世界市場の約11％を占め米国に次いで２位である（図3.1）。近年，日
本を除くアジア・アフリカ・オセアニアや中南米等の新興国市場が成長を示
し，結果，世界の医薬品市場シェアでは日本の占有率は伸張していない。医

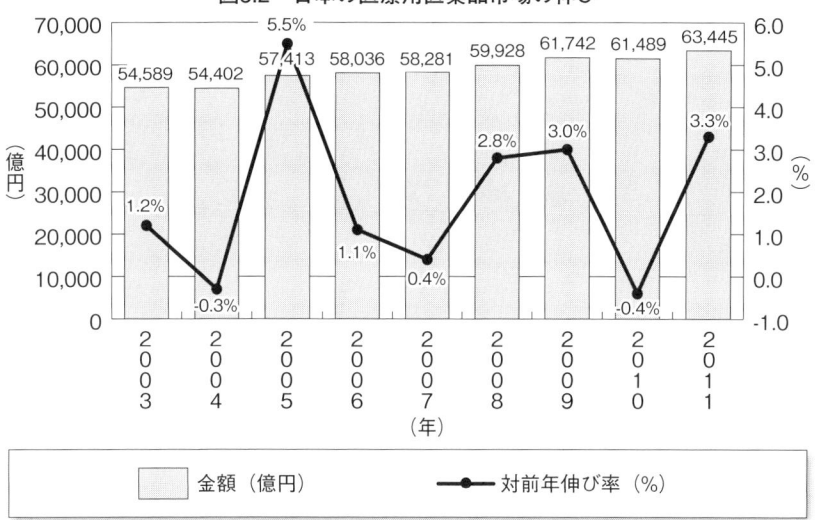

図3.2　日本の医療用医薬品市場の伸び

出所：日本製薬工業協会『Data Book』（各年）より作成。

療用医薬品の国内市場は，2003年から2011年にかけて，１兆円程度増加と微増傾向を示す（図3.2）。

　医療用医薬品の薬効領域の生産額も長期的には大きく変化している。1980年代は抗生物質が首位を占めていたが，1990年前後からはこれに代わって循環器官用薬が最大の薬効領域となった（表3.2）。また，近年では，中枢神経系用薬も高まりをみせている。

　医薬品産業の競争状態を表示するには市場集中度が用いられる。医薬品産業の集中度（CR_j）は医薬品全体あるいは薬効領域において定義される。この指標はその産業がどの程度少数の企業に集中しているかを示す。

　その一方で医薬品売上額を用いた場合，医薬品産業は国際的にも国内的にも寡占が成立していなかったが，国際的には1990年代，2000年代を通じて売上額の大きな上位企業によるM&Aが積極的に行われた結果，売上高上位10社（$CR10$）の市場占有率が上昇し，1990年の33％から2005年の56％に急増している[4]。これらは市場の集中度がM&Aによって上昇していることを意味する（表3.3）。

　これに対して，日本の製薬企業は1995年頃まで市場集中度が世界全体の傾

表3.2　疾患領域別の医薬品生産額占有率

（単位：上段＝％，下段＝順位）

年	循環器官用薬	中枢神経系用薬	その他の代謝性医薬品	消化器官用薬	血液・体液用薬	生物学的製剤	抗生物質製剤	アレルギー用薬	外皮用薬	体外診断用医薬品
1980	12.1 (2)	9.1 (3)	8.6 (4)	6.2 (6)	2.8 (12)	3.8 (8)	27.3 (1)		4.1 (7)	
1985	15.0 (2)	8.6 (3)	5.5 (5)	8.0 (4)	3.6 (10)	4.5 (8)	20.4 (1)		4.6 (7)	
1990	17.3 (1)	9.1 (3)	5.8 (5)	9.0 (4)	3.8 (9)	3.6 (10)	13.2 (2)		4.8 (7)	
1995	19.1 (1)	8.4 (4)	7.9 (5)	8.7 (2)	5.0 (6)	4.4 (7)	8.6 (3)	3.5 (9)	4.2 (8)	
2000	20.7 (1)	7.2 (4)	8.1 (3)	8.3 (2)	6.4 (6)	4.7 (7)	7.0 (5)	3.4 (9)	4.5 (8)	3.0 (12)
2005	22.6 (1)	7.7 (4)	10.1 (2)	9.1 (3)	5.8 (6)	4.0 (8)	6.0 (5)	4.0 (9)	4.1 (7)	3.1 (10)
2010	22.7 (1)	10.8 (2)	9.5 (3)	8.4 (4)	7.3 (5)	5.0 (6)	4.2 (7)	3.8 (8)	3.6 (9)	3.2 (10)

出所：厚生労働省『薬事工業生産動態統計』（各年）より作成。

表3.3　世界の医薬品市場の集中度（％）

	CR10	CR20	CR30	CR50
1990	32.5	52.8	66.3	82.1
1995	34.9	58.0	71.1	85.9
2000	48.9	70.0	79.3	88.4
2005	55.8	77.6	86.5	94.2

出所：日本製薬工業協会『Data Book』（各年）より作成。

向とは逆に低下していた。上位5社による市場占有率（$CR5$）を指標として見ると，売上額が1991年度には20.0％であったのが，1995年度には19.3％に低下している。このように，これまで日本の医薬品産業は世界の医薬品産業とは逆に集中度を低下させてきたという特異な傾向が示されていた。

　ただし，2000年代には国内企業間においても売上額の大きな上位企業に

表3.4 日本の医薬品産業の市場集中度（%）

	CR5	CR10	CR30	CR50
1991	20.0	33.5	59.0	71.4
1995	19.3	31.4	56.3	69.6
2000	26.7	40.6	68.0	80.6
2005	35.5	49.8	74.9	85.1
2010	37.9	52.9	77.8	87.0

出所：日本製薬工業協会『Data Book』（各年）より作成。

よるM&Aが積極的に行われた結果，売上高上位10社の市場占有率が上昇し，1991年の33.5%から2010年の52.9%に急増している。

これらは国内市場でも集中度がM&Aによって上昇していることを意味する（表3.4）。

3.3 医薬品産業の動向と革新的医薬品へのニーズ

近年，国民医療費は確実に高まっている。一方，その高まり以上にはGDP（Gross Domestic Product：国内総生産）が伸長していない。そのため，国民医療費の対GDP比率は年々増加傾向を示している（図3.3）。

国民医療費の増加に伴う薬剤費の高まりを抑制すべく，政策的に後発医薬品の促進が図られている。そのため，数量ベース，金額ベースでシェアが拡大傾向にある（図3.4）。

このような後発品医薬品の促進は，新薬の研究開発に取組むメーカーにとって，新薬創出の圧力として働いていることが想定される。1996年から2004年にかけて，日本で承認された新有効成分含有医薬品を見ると全体に占める海外オリジン品目の割合が7割〜8割で推移している（図3.5）。また，世界売上上位100品目のうち，日本オリジンのものは12〜15品目であり，世界3位ではあるものの，米国と比較すると約3分の1であり，世界3位の革新的な医薬品の創出国ではあるが，創出される品目数の減少が懸念される（図3.6）。

医薬品産業の基礎研究を支える，ライフサイエンス政府支出研究費では，米

図3.3　日本の国民医療費の推移（金額・対GDP比）

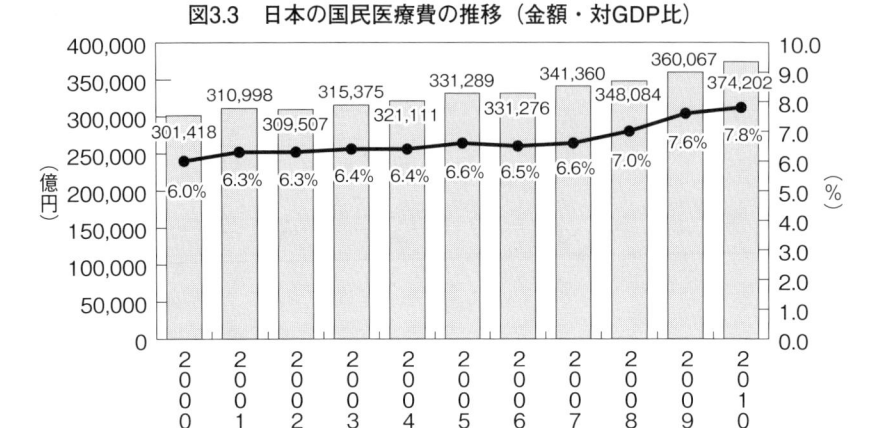

凡例：金額（億円）　対GDP（%）

出所：日本製薬工業協会『Data Book』（各年）から筆者作成。

図3.4　医薬品全体におけるジェネリックのシェア推移

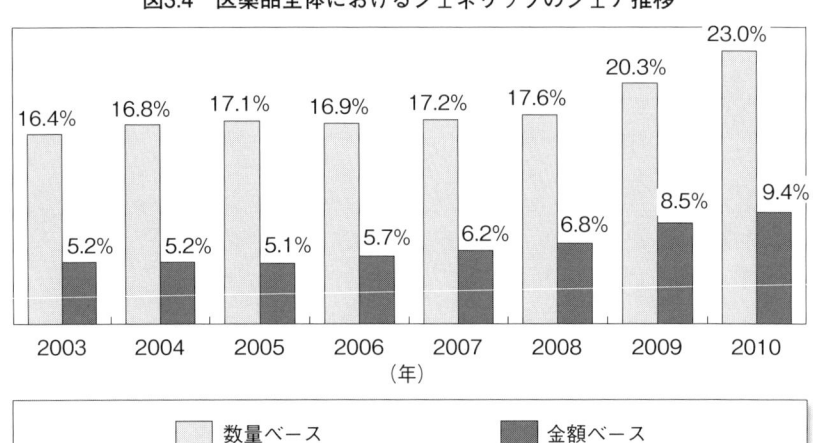

凡例：数量ベース　金額ベース

出所：日本ジェネリック製薬協会調べ。

図3.5 日本で承認の新有効成分含有医薬品に占める海外品目の割合推移

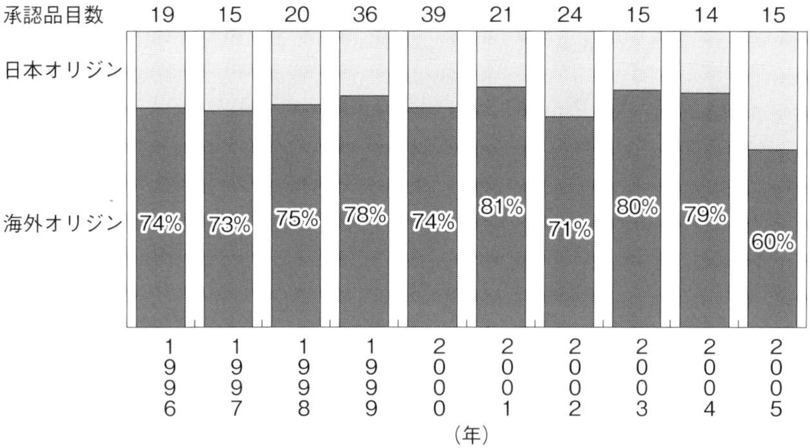

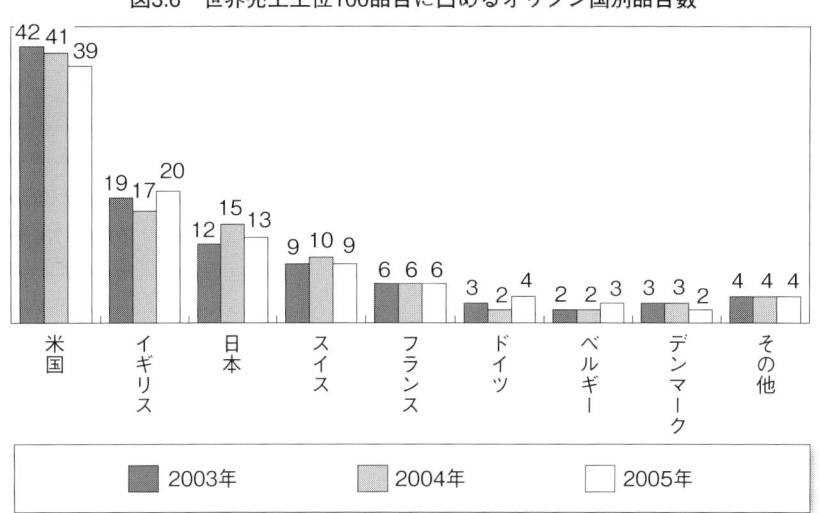

出所：医薬産業政策研究所（2007）から筆者作成。

図3.6 世界売上上位100品目に占めるオリジン国別品目数

出所：経済産業省（2010）から筆者作成。

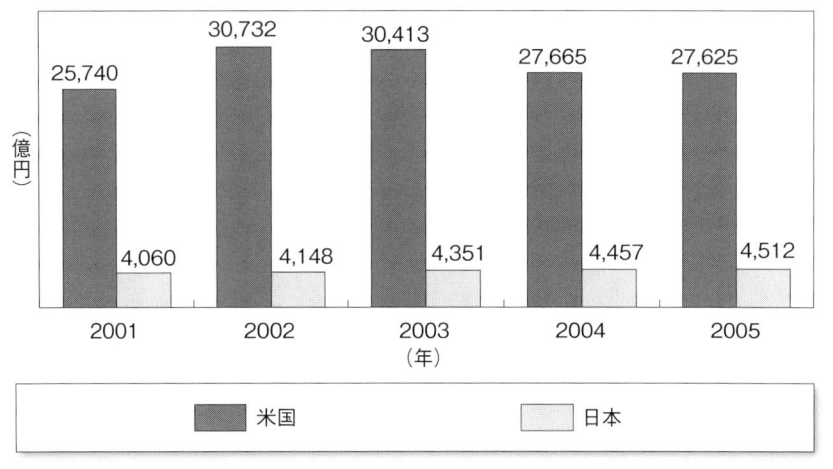

図3.7　日米のライフサイエンス政府支出研究費の推移

出所：経済産業省（2010）から筆者作成。

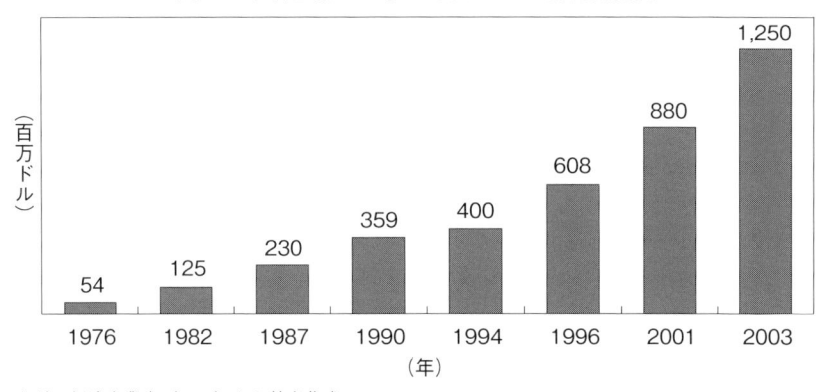

図3.8　世界全体の上市1品目あたりの研究開発費

出所：経済産業省（2010）から筆者作成。

国に比べ，日本は明確に劣位な環境にあることが見てとれる（図3.7）。

　また，世界的に見ても1980年代から2000年代前半にかけて，医薬品の上市1品目あたりの研究開発費は増す一方で，研究開発の生産性の低下が顕著に見られる（図3.8，図3.9）。

　医薬品産業の研究開発を取り巻く大きな環境の変化として，低分子医薬品からバイオ医薬品への技術シフトが製薬企業に与える影響は大きいと目され

図3.9　上市されたシーズを1とした場合のフェーズごとの開発候補品数

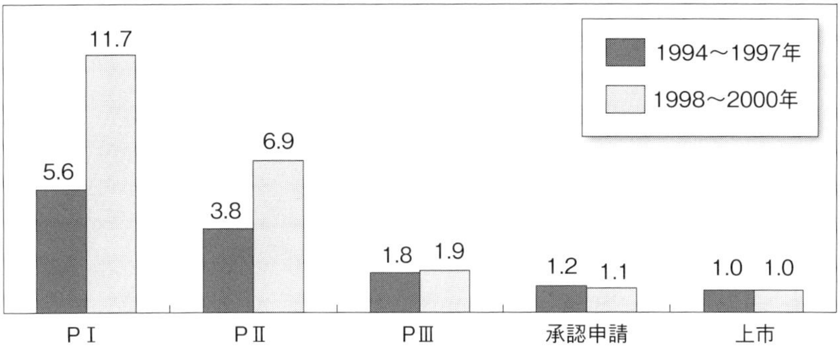

| | 1994〜1997年 |
| | 1998〜2000年 |

PⅠ　5.6　11.7
PⅡ　3.8　6.9
PⅢ　1.8　1.9
承認申請　1.2　1.1
上市　1.0　1.0

出所：経済産業省（2010）から筆者作成。

図3.10　日米欧企業の開発品目に占めるBio医薬品の割合

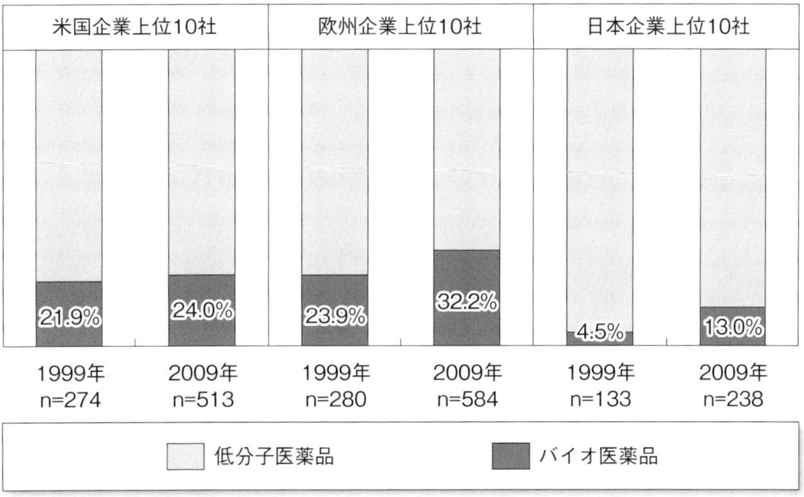

| 米国企業上位10社 | 欧州企業上位10社 | 日本企業上位10社 |

21.9%　24.0%　23.9%　32.2%　4.5%　13.0%

| 1999年 | 2009年 | 1999年 | 2009年 | 1999年 | 2009年 |
| n=274 | n=513 | n=280 | n=584 | n=133 | n=238 |

□ 低分子医薬品　■ バイオ医薬品

注：nはサンプル数を示す。
出所：医薬産業政策研究所（2010）から筆者作成。

ている。実際に，新薬の開発品目に占めるバイオ医薬品の割合は世界的に高まっており，このような新技術への対応が欧米に比べて遅れていると考えられる（図3.10）。

　世界の大型医薬品50品目の推移を見ると，バイオ医薬品の比率が年々高まり，今後はバイオ医薬品による大型品が低分子による大型品を上回る可能性が示唆され，製薬企業各社は技術変化に対応していることが窺える（図3.11）。

図3.11　世界の大型医薬品50品目の推移

（%）

	2005	2006	2007	2008	2009	2010	2011
低分子医薬品	84.4%	79.5%	74.8%	72.1%	71.4%	68.4%	66.0%
バイオ医薬品	15.6%	20.5%	25.2%	27.9%	28.6%	31.6%	34.0%

（年）

──●── バイオ医薬品　　　──●── 低分子医薬品

出所：厚生労働省（2013）から筆者作成。

図3.12　低分子合成・Bio技術と新薬の研究開発プロセスの進化

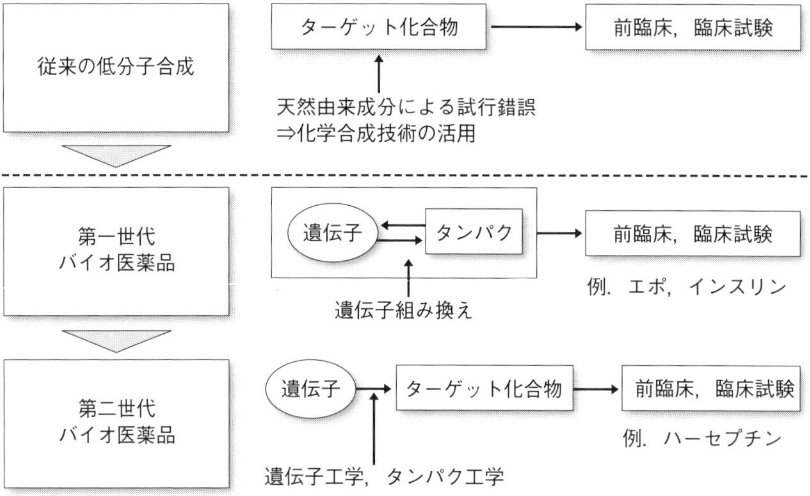

従来の低分子合成 → ターゲット化合物 → 前臨床，臨床試験

天然由来成分による試行錯誤
⇒化学合成技術の活用

第一世代
バイオ医薬品 → 遺伝子 → タンパク → 前臨床，臨床試験

遺伝子組み換え　　　　例．エポ，インスリン

第二世代
バイオ医薬品 → 遺伝子 → ターゲット化合物 → 前臨床，臨床試験

遺伝子工学，タンパク工学　　例．ハーセプチン

出所：元橋（2009）。

表3.5 国内大手主要企業の主力製品の売上高（2010年度）と特許切れ時期

	主力製品（適応症）	売上高（億円）	米国での売上高	米国での特許切れ時期
武田薬品	タケプロン（消化性潰瘍）	2,181	1,190	2009年11月
	アクトス（糖尿病）	3,847	2,974	2011年11月
	ブロプレス（高血圧）	2,220	858	2012年6月
	リュープロレリン（前立腺癌）	1,222	158	2014年5月
アステラス	プログラフ（臓器移植の拒絶反応）	1,876	681	2008年4月
	ハルナール（排尿障害）	1,139	456	2009年10月
	ベシケア（尿失禁）	823	351	2015年12月
エーザイ	アリセプト（アルツハイマー型認知症）	3,228	1,947	2010年11月
	パリエット（消化性潰瘍）	1,480	810	2013年5月
第一三共	クラビット（感染症）	872	436	2010年12月
	オルメテック（高血圧）	2,383	1,017	2016年4月

出所：各社公表資料をもとに筆者作成。

　なぜ，製薬企業はバイオ医薬品に対応しなくてはならないのか。その要因は大きく分けて2つある。一つは，低分子合成薬に関する創薬手法の限界である。製薬企業各社が相次いで低分子での大型製品の研究開発をしようと進めてきた。その結果，科学物質の合成による低分子合成薬は，ほぼ探索され尽くされ，有望な開発物質が減少してきた。つまり，低分子薬による創薬手法が限界に達しつつある。そこで昨今，抗体医薬などのバイオ医薬品が，新たな創薬手法として浮上してきたのである（図3.12）。もう一つは，低分子合成薬よりもバイオ医薬品は開発効率が高く，製品化にたどりつく確率は，バイオ医薬品のほうが高い。このように「低分子合成薬による創薬手法の限界」が製薬企業の新たな創薬手法に対するニーズを高め，低分子合成薬からバイオ医薬品へとシフトを促したのである。さらに，低分子合成とバイオでは基礎研究者の基本的な専門領域が異なる。これまでは低分子合成を専門とする研究者を採用し，創薬に取組んできたが，バイオを専門とする研究者は日本ではまだまだ少なく，活用できる技術蓄積も多いとはいえない。

　このような早期のシーズ発掘に関する初期的な探索体制を整えるのが難しいことにくわえて，製品化のハードルも高い。バイオは製造過程で薬剤の有効

表3.6　国内製薬企業による海外企業の買収

年月	買収企業	被買収企業
2007/3	エーザイ	Morphotek
2007/11	アステラス	Agensys
2008/1	エーザイ	MGI Pharma
2008/3	武田薬品	日本アムジェン
2008/4	武田薬品	Millennium Pharmaceuticals
2008/5	第一三共	U3 Pharama AG
2008/6	第一三共	Ranbaxy Laboratories
2008/10	塩野義製薬	Sciele Pharma
2009/7	久光製薬	Noven Pharmaceutical
2009/10	大日本住友	Sepracor
2010/6	アステラス	OSI Pharmaceuticals
2011/5	武田薬品	Nycomed

出所：各社公表資料をもとに筆者作成。

性や安全性が微変する可能性が高く，温度管理などが簡単ではない。バイオ製品として品質を担保し，医療機関を介して患者に薬を届けるためには，これまでとは異なる高い製造技術と製造設備も必要になり，日本ではまだまだ少なく，活用できる技術も多いとはいえない状況である。

　また，これまで，低分子合成での大型製品で売上高を拡張してきた国内大手製薬企業では，主力製品の相次ぐ特許切れ時期を迎えている（表3.5）。低分子合成医薬品に関する創薬手法の限界により新薬の創出が見込めない中，低分子合成の主力製品の特許切れにより，ジェネリック（GE）が参入し，売上が大幅に減少する，という局面に直面している。

　表3.6は，近年，我が国においても，医薬品産業は世界的な規模で企業間の合併・統合，戦略的な提携が活発化していることを示している。

　2005年4月の山之内製薬と藤沢薬品工業の合併以降，三共と第一製薬の統合，三菱ウェルファーマと田辺三菱の合併，大日本製薬と住友製薬の統合，協和発酵とキリンの合併等，同業間での大型合併の事例が相次いで見られる。

　このような統合の動きは，世界に伍していくための資源蓄積を目的とし，新薬創出というイノベーションに影響を与えるという点でも注目が集まる。ま

図3.13　治療満足度・薬剤貢献度（2010年）別に見た新薬開発件数（2014年1月時点）

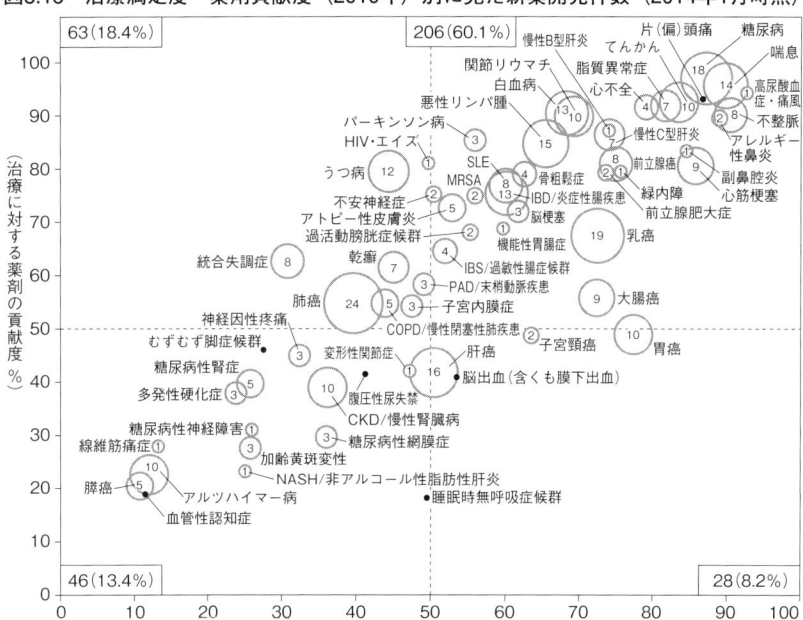

治療満足度・薬剤貢献度（2010年）別に見た各疾患での開発件数（2014年1月時点）

疾患名	薬剤貢献度	治療満足度	開発件数 2013年1月時点	開発件数 2014年1月時点	増減	新規開発件数
睡眠時無呼吸症候群	18.3％	49.6％	0	0	0	0
血管性認知症	18.9％	11.3％	0	0	0	0
膵癌	20.4％	10.7％	3	5	2	3
アルツハイマー病	22.6％	12.0％	9	10	1	3
NASH/非アルコール性脂肪性肝炎	23.3％	25.0％	1	1	0	0
加齢黄斑変性	27.6％	25.7％	3	3	0	0
線維筋痛症	27.9％	13.2％	1	1	0	0
糖尿病性網膜症	29.8％	36.0％	3	3	0	0
糖尿病性神経障害	31.4％	25.9％	1	1	0	0
多発性硬化症	37.9％	23.8％	3	3	0	0
CKD/慢性腎臓病	39.2％	36.2％	11	10	△1	0
糖尿病性腎症	40.0％	25.7％	2	5	3	3
脳出血（含くも膜下出血）	41.3％	53.2％	0	0	0	0
腹圧性尿失禁	41.8％	41.2％	0	0	0	0
肝癌	42.1％	50.4％	13	16	3	6
変形性関節症	42.2％	47.2％	1	1	0	0
神経因性疼痛	45.2％	32.4％	3	3	0	2
むずむず脚症候群	46.2％	27.5％	1	0	△1	0
子宮頸癌	49.0％	63.5％	2	2	0	0
胃癌	49.5％	77.4％	12	10	△2	0
薬剤貢献度50％未満の患者に対する開発件数（小計）			69	74	5	19

出所：HS財団による調査結果，各社公表情報，製薬協ホームページ，明日の新薬（web）をもとに作成。

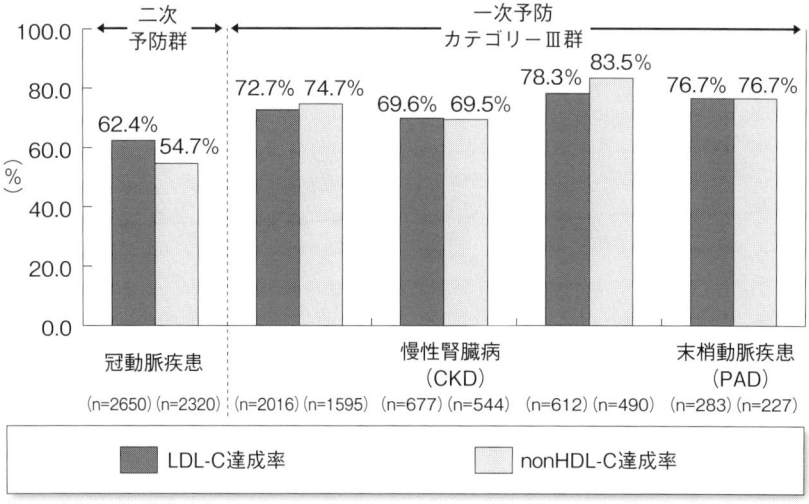

図3.14　患者カテゴリー群・合併疾患別のLDL-C/non HDL-C管理目標値達成率[5]

注：nはサンプル数を示す。
出所：寺本・小久保・本谷・八浪（2013）。

た，日本の製薬企業では，海外製薬企業の吸収・合併も活発に取組みが見られる。このように日本の製薬企業を取り巻く環境は，医療費高騰化，大型製品の特許満了，バイオ技術への対応，研究開発生産性の低下，後発医薬品の市場浸透と，近年急速に事業環境が変化しており，対応方法の確立が必要となっている。

　対応方法の動きとしては，国際事業展開（新興諸国含む），海外企業の買収や後発医薬品事業の取組み強化などが大きなポイントになると考えられる。

　それでは，医薬品へのニーズは充たされ，新薬は必要とされなくなってきているのか。図3.13は，治療の満足度と治療に対する薬剤の貢献度別に新薬開発件数を表したものである。医療用医薬品の研究開発が世界的に進むなか，治療の満足度が低く，かつ治療に対する薬剤の貢献度も低い領域での新薬は少ないという現状も見られるが，当該疾患領域においては，新たな医薬品へのニーズは高いことが考えられる。

　また，一つの例に留まるが，治療満足度が高く，薬剤貢献度も高い疾患領域に位置づけられる脂質異常症であっても，薬剤による治療が十分ではない

という報告（寺本・小久保・本谷・八浪，2013）が見られる。この薬剤疫学研究では，実際の薬剤治療において，疾病予防のガイドラインにおける管理目標達成値（100％）から隔たりが見られ，薬剤による治療が十分ではないということを示唆している（図3.14）。

　これらのことからも，依然として更なる革新的な新薬が待たれているといえる。また，この継続研究として，管理目標値を達成している患者群の背景要因を探索的に抽出する試みも見られている（寺本・小久保・正路，2014）。この試みから既存の薬剤であったとしても，患者個人の背景因子に着目して，効果が見込める，患者に適した薬剤を処方するという個別化医療の方向性においては重要な位置づけとなることも想定される。

　そのほかの隣接した研究領域では，慢性的な疾患がもたらす社会的な損失に着目した医療経済的な研究も見られる（Tanaka, Momoeda, Osuga, Rossi, Nomoto, Hayakawa, Kokubo & Wang, 2013）。この研究では，月経困難症による直接的な医療費と間接医療費の合計が約7000億円にも至ることを推計している。また，この継続研究では，医療機関に通院して医療用医薬品を服用した群で症状が改善する傾向にあることを報告している（Tanaka, Momoeda, Osuga, Rossi, Nomoto, Hayakawa, Kokubo & Wang, 2014）。

〈注〉

1　医薬品産業の歴史的背景については，姉川（2000）が詳しい。
2　本研究での取り扱う「イノベーション」の対象範囲は「プロダクト・イノベーション」のみであり，「プロセス・イノベーション」は対象範囲としていない。
3　日本製薬工業協会『Data Book2013』のご利用の手引きによると，「2006年度以降の調査対象は，各年度末において薬事法に基づき医薬品製造販売業の許可を受けて医薬品を製造販売している企業のうち，日本製薬団体連合会の業態別団体（14団体）に加盟している企業を対象としている」とあり，そのため表3.1で対象となる「製薬企業数」「雇用者数」が2005年以降，大幅に少なくなっている。
4　CR10, CR20, CR30, CR50は順に上位10社，20社，30社，50社までの企業の市場占有率を表す。
5　LDL-C（low-density lipoprotein cholesterol）は，低比重リポタンパク質と複合したコレステロールをいう。過剰になると動脈硬化などの原因となるといわれている。
　non-HDL-Cは，動脈硬化惹起性リポタンパク中のコレステロールを表す。
　これらの管理目標値を達成することが治療上重要といわれる。

4章

非連続技術への
イノベーション戦略の実証分析

　この章では，実証分析を行うためのデータ収集を説明し，次に収集した製薬企業データの基本統計量および特徴を概観する。その後，先行研究に基づく仮説の設定と非連続に生じた技術変化へ対応するイノベーション戦略の効果について実証分析を試みる。[1]

　製薬企業は現在，非連続に生じた技術変化への対応の真っ只中にある（中村洋，2009）。また，医薬品は基礎研究から新薬の上市まで十数年から20年もの時間を要する（桑嶋，2006）。このことからも，非連続技術に対応するイノベーション戦略の技術成果への影響を分析するには，一時点のデータでは，発見事実を見過ごしてしまう可能性がある。そのため，複数時点のデータを用いることによって，非連続技術に対応するイノベーション戦略の効果を確認する。

　世界的に見て，日本の製薬企業が非連続な技術において競争劣位にあることは，第1章で記述したとおりである。しかし，日本企業の中にも少数ではあるが，従来から非連続な技術に取組んでいたことにより，現在，競争優位の市場地位を確立している企業（協和発酵キリンや中外製薬など）も存在する（伊藤，2010）。これらの企業は連続的な技術である低分子合成薬においては必ずしも競争優位な市場地位を確立しているとはいえなかった。しかし，技術のパラダイムシフトが生じたことで，競争優位な地位を得たのである。これらの企業にとっては，非連続的な技術であるバイオは従来から取組んでい

た技術であり，むしろ既存技術ともいえる。このような既にバイオ技術で優位にある企業には，どのようなイノベーション戦略が有効なのか。

一方で，多数の日本の製薬企業は，連続技術である低分子合成技術を強みに競争優位を確立してきた。そのため，技術のパラダイムシフトにより競争劣位な状況となった。競争劣位に陥った企業が，新技術であるバイオ技術に転換を図るために有効な戦略とは何か。

これらのことを明らかにするために，本章では(1)非連続技術での競争優位（本研究ではバイオパイプラインの絶対数の多さ）に寄与する要因の分析，(2)連続技術から非連続技術への移行，技術転換（本研究ではバイオパイプライン構成比の増加）に寄与する要因の分析，という2つの視点に基づき実証分析を行う。

特に，本研究の問題意識は，非連続に生じた技術変化により，競争劣位に陥った企業が，新技術であるバイオ技術に転換を図るために有用な戦略とは何か，を明らかにすることを目的にしている。

第2章の先行研究の整理から導出された本章で確認する理論仮説を再度提示すると下記のようになる。

① R&Dは連続技術に対して効果（資産・技術・組織学習）を示すことがいわれているが，非連続的技術への対応ではR&Dの効果は低下する。
② OIは非連続技術に対して効果を示すことが期待される。
③ M&Aは非連続技術に対して効果を示すことが期待される。

次節以降では，上記仮説を確認するためのデータ概要の説明，仮説検証のフレームワークの提示，実証分析の実施と進める。

4.1　分析対象とした製薬企業に関するデータ概要

本章のデータ収集は，非連続なイノベーションへの反応型戦略を明らかに

することを目的とするために，画期的な新薬の研究開発を生業とする企業を対象に実施した。

　その対象となる企業群として，日本の製薬企業において，いわゆる画期的な新薬創出を生業にする企業が加盟する業界団体である日本製薬工業協会の会員約80社を対象とした。[2]それらの企業から，外資系製薬企業日本法人，吸収合併などで統合された企業，新薬のパイプラインが確認できなかった企業を除外した。その結果対象となる製薬企業は43社となった。また，OTC企業，バイオベンチャー，後発品の製造販売を専業としている企業も対象から除外している。なお，バイオベンチャーは先端技術を保有し，対象企業となりうるかと検討したが企業設立からの期間が短く，中長期的なデータが取得できないなどの点から対象に含めなかった。具体的な収集データとして，「R&D費」「OI件数」については，ユーレット（http://www.ullet.com/）および国際商業出版『製薬企業の実態と中期展望（2005年度版・2011年度版・2015年度版）』，『医薬産業年鑑（2005年度版・2011年度版・2015年度版）』，『医薬品関連企業調査年報（2005年度版・2011年度版・2015年度版）』をもとにデータを取得した。また，「各M&A案件の買収金額」については，1995年～2015年までの各社のM&A件数・買収金額をSPEEDA（http://www.uzabase.com/speeda/）データベースから収集した。なお，2000年時点の研究開発パイプラインに関するデータ収集が困難であったため，2005年，2010年および2015年時点のバイオパイプライン（数・構成比率）を技術成果の対象とした。

4.2　分析対象とする製薬企業の基本統計量および特徴

　本章の分析に入る前に，分析の対象となる製薬企業の実態と基本的な特性を把握する。図4.1は，従業員規模別による企業比率を製薬企業全体と本調査のサンプルで見たものである。この分布の比較から本調査の対象製薬企業は，製薬企業全体の中で見ると従業員規模が大きい企業群が構成比として高い傾向が窺える。

　また，対象製薬企業の基本統計量を表4.1に示した。2010年度の売上高は，

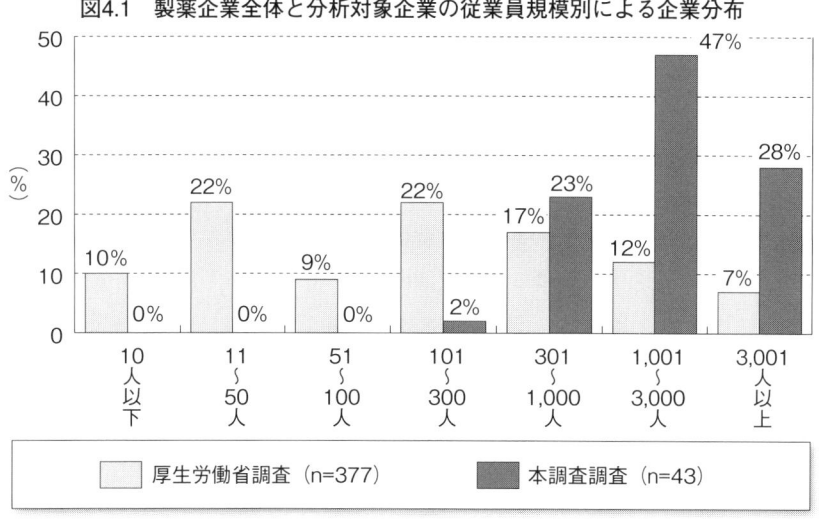

図4.1　製薬企業全体と分析対象企業の従業員規模別による企業分布

凡例：
- 厚生労働省調査（n=377）
- 本調査調査（n=43）

注：nはサンプル数を示す。
出所：厚生労働省（2010）「医薬品・医療機器産業実態調査」をもとに作成。

表4.1　対象製薬企業の基本統計

	n	最小値	最大値	平均値	標準偏差
2010年度　売上高（百万円）	43	8,441.00	871,720.00	156,455.21	189,686.82
2010年度　研究開発費（百万円）	43	500.00	242,503.00	31,853.21	52,488.43
2010年度　従業員数（人）	43	236.00	6,334.00	2,308.40	1,764.28

平均1,564億円で，最大8,717億円から最小84億円と幅が広い。研究開発費は，平均318.5億円であり，5億円の小規模な製薬企業から最大2,425億円と幅が広い。次に，従業員数を見ると，平均は2,308人で，最大6,334人から最少236人である。対象企業の平均値は，概ね大手製薬企業の傾向を反映していることが窺える。

4.3　非連続技術へのイノベーション戦略の影響の実証分析

　本章では，定量的な分析を通じて，日本の製薬企業に生じた非連続技術に対応するイノベーション戦略について，どの戦略行動が非連続技術（バイオ

技術のパイプライン）の技術成果に影響を与えるか，を明らかにすることを目的としている。具体的には，イノベーション戦略の選択肢である内部資源の蓄積にあたる「R&D」，外部資源の活用にあたる「OI」「M&A」が技術成果に影響を与える変数であるか否か，について先行研究を踏まえて仮説検証的な実証分析を行う。

　企業のイノベーション戦略については，Porter（1980）のSCPモデルや環境変化における戦略行動としての方法論が伝統的である。しかし，近年経営戦略論において，Porter（1980）のSCPモデルのみでは，企業戦略を説明するのに十分ではないという議論が見られる（岡田，2001）。企業の戦略行動について議論するためには，⑴変化する事業環境における，規模拡大と収益性に関する検討を行い，⑵長い時間軸の中での資源の蓄積と活用といった，企業を取り巻く環境の内側と外側との関連を整理する必要がある。そのような観点から経営戦略論の分類に関する先行研究を踏まえると，分析の視点として，ポジショニング・スクールとリソースベーストビューを選択することが妥当であると考える。

　どの分類においても，企業がどのような産業に身をおき，その中でどのような市場地位を占めることができるか，という観点で企業戦略を議論するポジショニング・スクールは常に「規範的」である。前述のPoter（1980）が代表的な研究である。

　また，不確実性が増す昨今の事業環境においては，企業独自の能力に競争優位の源泉を求めるリソースベーストビューという考え方も重要性を増しつつある。このようなことからもポジショニング・スクールとリソースベーストビューという2つの視点を分析に活用することは妥当性があると考える。近年では，この2つの考え方はお互いに補完的であるという認識も形成されつつある（森本，2004；浅羽，2004）。

　ポジショニング・スクールとは逆に競争優位の源泉を企業内部に求める戦略論はリソースベーストビューと呼称されている。リソースベーストビューでは企業の経営成果の差異を産業構造ではなく，企業固有の経営資源に求める議論が展開されてきた。この考え方の形成は，これまでの伝統的な経済理論に対する批判に基づいている。Barney（2002）は，他社にとって模倣困難

表4.2　本章で確認する2つの実証分析の目的・概要

	a) 非連続技術での優位に寄与する要因分析	b) 非連続技術への転換に寄与する要因分析
目的・狙い	● 非連続技術であるバイオパイプラインを既に多数保有している企業に有効な戦略の確認	● 非連続技術であるバイオパイプライン数の多寡ではなく，移行・転換のために構成比を高めるのに有効な戦略の抽出
被説明変数/説明変数	● t期，t-1期のバイオパイプラインの数（絶対数）に寄与するt-1期，t-2期の戦略（R&D費・OI件数・M&A額）の絶対額	● t-1期からt期への全パイプラインにおけるバイオパイプラインの構成比（%）の高まりに寄与するt-1期，t-2期の戦略（R&D費・OI件数・M&A額）の成長率（%）

　な資源を蓄積することが持続的な競争優位の源泉となることを指摘している。また，Hamel と Praharad は，顧客に対して発揮される，他社が模倣困難な企業内部の能力をコア・コンピタンスと呼び，競争の源泉とした（Hamel & Praharad, 1994）。Barney（2002）は，最終的に，持続的競争優位を維持するための経営資源の特質は，⑴価値のある資源，⑵希少な資源，⑶模倣が困難な資源，⑷組織の４つに整理できるとし，経営資源に基づく戦略論の枠組みとしてVRIOフレームワーク[4]を提唱した。

　以降では，⑴非連続技術での優位性（本研究ではバイオパイプラインの絶対数の多さ）に寄与する要因の分析，および⑵技術転換（バイオパイプラインの構成比の増加）していくために寄与する要因の分析という，２つの視点に基づいて実証分析を行う（表4.2）。

　また，⑵においては，被説明変数は絶対数の増加差ではなく，敢えて構成比（%）の増加率を変数として用いている。その意図として，対象企業が保有するパイプライン全体（含む低分子合成）において，バイオのパイプラインの構成比率をいかに高めるかが，非連続技術への移行，転換の進展を確認する上で見たい指標であるためである。

　本研究は特に，非連続に生じた技術変化により，競争劣位に陥った企業が，新技術に転換を図るために有用な戦略とは何か，を明らかにすることを目的にしている。

4.3.1　仮説の設定と仮説検証分析のフレーム

　仮説検証の実証分析にあたり，前述のような先行研究や先行研究で残され
た課題を考慮に入れた分析フレームを提示する必要がある。本章では，先の
先行研究で残された課題として第2章で提示した，「非連続的に生じた技術変
化において，内部資源の蓄積と外部資源活用を含めたイノベーション戦略の
有用性についての実証的な検討がなされていないこと」を対象範囲に仮説検
証的な実証分析を試みる。具体的には(1)非連続技術での競争優位（本研究で
はバイオパイプラインの絶対数の多さ）に寄与する要因の分析，(2)連続技術
から非連続技術への移行，技術転換（本研究ではバイオパイプライン構成比
の増加）に近づくために寄与する要因の分析，という2つの視点に基づき実
証分析を行う。そのための仮説構成図は次のようになる（図4.2）。

図4.2　本章で検証する設定仮説の基本構成図

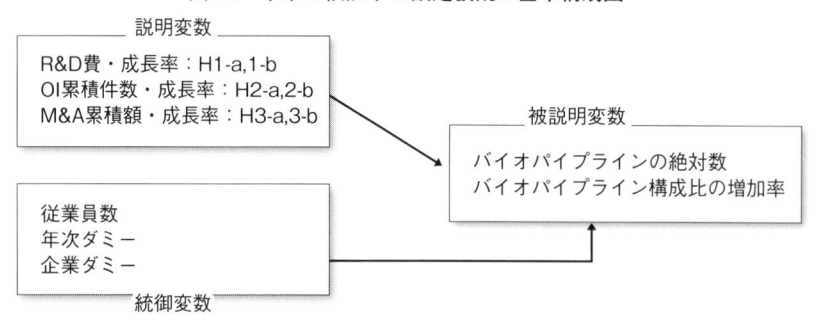

　本章の具体的な設定仮説は次のように示される。

a)　R&D戦略の技術資源の活用と成果への影響：

　Cohen & Levinthal（1989：1990）は「R&D」には自社の研究開発能力を
向上させる効果にくわえて，外部（他社・外部研究機関）の研究成果を認識
し，正確に評価することを容易にするという2つの側面を持つ。そのため，プ
ロダクト・イノベーションへの影響において，最も有用な変数であるといわ
れている（後藤・永田，1997）。また，連続的な技術変化を進展させる場合
においても，有用な変数であるといわれている（Christensen，1997）。また，

既に非連続な技術を有している場合にも，より優位性を増すことに貢献する（伊藤，2010）。

一方で，事業の多角化や新製品市場への参入においては，変化への対応速度が遅く時間を要することが述べられている（嶋口・内田・黒岩，2009）。また，非連続な技術変化への対応としてのR&Dは成功確率が低下傾向にある（榊原，2005）。よって，下記のような仮説が設定される。

H1-a：非連続技術である「バイオパイプライン数の絶対数」に対し，「R&D費の大きさ」は正の効果（影響）を示す。

H1-b：非連続技術である「バイオパイプライン構成比の増加率」に対し，「R&D費の成長率」は正の影響を示す。

b）OI・提携戦略の技術資源の活用と成果への影響：

Chesbrough（2003）は，「自社のテクノロジーを発展させるために，社内のアイデアとともに社外のアイデアを活用し，市場の進出にも，社内とともに社外を経由したルートを活用すべきだということを想定したパラダイムである」と定義している。

OIは，バイオなどの最先端分野の研究ほど外部知識の重要性が定説化する傾向は強いとされる（Owen-Smith & Powell，2004）。また，成長戦略において不確実性が高い場合には外部組織との提携が望ましいとされる。特にソフトな経営資源の獲得において実施後の人材流失やモチベーション低下に繋がりにくく，M&Aよりも提携が適している（Dyer, Kale & Singh，2002）。また，事業の多角化や新製品市場への参入においては，R&Dに比べると変化への対応速度が速いことが述べられている（嶋口・内田・黒岩，2009）。日本の製造業を対象にOI成立の条件の実証分析を試みた，澤田・中村・浅川（2010）では，OI政策の効果は基礎研究段階において正で有意を示している。このように非連続技術への対応としてのOIには基礎研究段階から技術資源の活用，技術成果の獲得まで有用性を示すことが期待できる。よって，下記のような仮説が設定される。

H2-a：非連続技術である「バイオパイプライン数の絶対数」に対し，「OI
　　　累積件数の多さ」は正の効果（影響）を示す。

H2-b：非連続技術である「バイオパイプライン構成比の増加率」に対し，
　　　「OI累積件数の成長率」は正の影響を示す。

c）買収戦略の技術資源の活用と成果への影響：

　成長戦略において，買収・合併が望ましいのは，⑴スケールメリットを狙っ
て，同程度の規模の企業が統合する場合，⑵人材のようなソフトな資産では
なく，製品そのものなどのハードな資産の獲得を目的とした場合，⑶余剰資
源が豊富で，その整理・統合による削減のコストメリットが期待される場合，
⑷経営資源をめぐる競争が激しい場合とされる（Dyer, Kale & Singh, 2002）。
また，事業の多角化や新製品市場への参入においては，変化への対応速度が
速い（嶋口・内田・黒岩, 2009）。

　なお，先行研究からは，買収がもたらす資産効果については明確にいえ
るものの，学習効果については明確にはいいきれない。Dyer, Kale & Singh
（2002）は買収による負の側面として，被買収企業の人材のモチベーションが
低下すること，従業員の退職が増加し，結果として企業の生産性が低下する
ことを記述している。

　既にバイオ技術に強みを有する企業では成長戦略において，マイナス面も
考慮するとM&Aを採択する動機は低い一方，競争劣位にある企業では上記
⑴～⑷を動機にM&Aを採択することが考えられる。よって，下記のような
仮説が設定される。

H3-a：非連続技術である「バイオパイプライン数の絶対数」に対し，「M&A
　　　累積金額の大きさ」は正の効果（影響）を示す。

H3-b：非連続技術である「バイオパイプライン構成比の増加率」に対し，
　　　「M&A累積金額の成長率」は正の影響を示す。

　分析で用いる変数の詳細は後述するが，戦略行動に関する変数，技術成果
に関する変数にくわえて，企業規模を反映する「従業員数」を統御変数とし

て設定する。従業員数の絶対数が大きいほど複数のパイプラインを有していることが考えられる。この統御変数を投入することで，戦略行動と成果変数の，より純粋な関係を確認できると考えている。

4.3.2 分析に用いる分析方法と変数

先に記述したように，本章では動的に生じている非連続技術に対応する戦略行動の効果を確認する。各戦略行動の生産性を推定するには，非連続技術への技術転換に対して，どの戦略行動を増加させることが効率的なのか，について動的に確認する必要がある。分析結果を見誤らないためにも，本章で仮説検証するモデルとは異なる分析も行い，その両方を比較し考察することで分析結果の確からしさの確認を行う。そのため，非連続技術の成果であるバイオパイプラインの構成比の増加を対象にした分析のみならず，既に非連続技術が優位な場合に有効な戦略の確認に関する分析も行う。

a) 非連続技術が既に優位（パイプライン絶対数）な要因分析に関するデータ

パイプライン絶対数に関する分析では2010年度，2015年度の2時点での技術成果と各戦略行動の実数値（絶対値）に関するプーリングデータによる推計を行う。なお，推計対象とする企業数は，売上高上位80社のうち，「2010年・2015年の各々で研究開発パイプラインが確認できない企業」，「後発品専属企業」，「外資系製薬企業の日本法人」を除外した43社を対象に推計を行う。バイオパイプライン数の保有という現状の競争優位に対して，過去のどのような戦略が寄与しているのか，バイオ技術において相対的に優位な状況にある企業がどのような戦略に力を入れているのか，を確認することを目的に行う。

b) パイプライン絶対数に関する分析での被説明変数

バイオパイプライン数：非連続技術である「各社の保有のバイオ医薬品の開発パイプライン数」を対象に，2010年時点（t-1期），2015年時点（t期）の実数値を用いる。製薬企業の研究開発においては，細胞片や動物を対象にした基礎研究・前臨床段階から実際に人体を対象に新薬の臨床試験を行うまで

2～8年程度を要するといわれる（桑嶋, 2006）。このように，戦略を採択し行動してから，技術成果に結びつくまでには時間を要するという産業の特性を考慮し，1期を5年間で設定した。

c）パイプライン絶対数に関する分析での説明変数

イノベーション戦略変数である「R&D」「OI」「M&A」は2005年時点, 2010年時点の実数値で推計を行う。

⑴　R&D費：「R&D費」は2005年時点（t-2期），2010年時点（t-1期）で各社が投じた研究開発費を用いる。

⑵　OI累積件数：「OI累積件数」は，2000年から2005年までの5年間の累積数を「2005年時点の累積件数（t-2期）」とする。「2010年時点の累積件数（t-1期）」も同様の方法での実数値を用いる。なお，「OI」の対象組織の範囲は，先行研究である元橋（2009）を参考に，1）海外の製薬企業，2）海外の大学，3）海外の公的研究機関，4）海外のベンチャー企業，5）国内の製薬企業，6）国内の大学，7）国内の公的研究機関，8）国内のベンチャー企業，の8つの組織とし，提携類型の範囲は「技術導入」「技術導出」「共同研究」を対象とし，「コ・プロモーション」「コ・マーケティング」「販売委託」などは対象外とした。

⑶　M&A累積額：「M&A累積額」は2000年から2005年までの5年間の累積買収金額を「2005年時点の累積額（t-2期）」とする。「2010年時点の累積額（t-1期）」も同じ方法での実数値を用いる。M&Aの累積額は，買収案件を対象にして，完了時の買収金額を積算した。また，買収金額が明記されていない案件については，被買収企業の直近の売上額を代替金額として積算した。

なお，統御変数としては，規模などの属性を表す変数である「従業員数（2010・2015）」を企業規模の違いを調整することを目的に設定した。また，時点の統御を目的に「2015年ダミー」を設定した。くわえて，企業の異質性を考慮するために「バイオパイプライン保有数が平均値（2時点の平均）より多い企業」を対象に企業ダミーを設定して，戦略変数，企業規模以外の要素を統御することを試みた。

d）非連続技術への転換寄与の要因分析（バイオパイプライン構成比の増加）のデータ

　次に，本来的に検証したい非連続技術への技術転換に関する分析では，分析時点を2005年から2010年の5年間と2010年から2015年の5年間の技術成果の増加と，そのために取組んでいた各戦略行動の増加に関するデータにより推計を行う。推計方法は，最小二乗法による線形重回帰モデルを用いる。

e）バイオパイプライン構成比の増加に関する分析の被説明変数

　バイオパイプライン増加率：非連続技術の技術成果である「各社の保有パイプライン数におけるバイオ医薬品の開発パイプライン数」，すなわちバイオ医薬品のパイプライン構成比を対象に，その構成比の2005年時点から2010年時点での増加率（t-1期）と2010年時点から2015年時点（t期）での増加率を用いる。

f）バイオパイプライン構成比の増加に関する分析の説明変数

　イノベーション戦略変数である「R&D」「OI」「M&A」は，2000年から2005年の5年間（t-2期）と2005年から2010年の5年間（t-1期）の成長率で推計を行う。

⑴　R&D費成長率：「R&D成長率2005（t-2期）」は，2005年時点の研究開発投資費を2000年時点の研究開発投資費で除したものを示したもので，「R&D成長率2010（t-1期）」は，2010年時点の研究開発投資費を2005年時点の研究開発投資費で除したものを示したものである。

⑵　OI累積件数成長率：「OI累積件数成長率2005（t-2期）」は，2000年から2005年の5年間のOI累積件数を1995年から2000年の5年間のOI累積件数で除したもので，「OI累積件数成長率2010（t-1期）」は，2005年から2010年の5年間のOI累積件数を2000年から2005年の5年間のOI累積件数で除したものを示したものである。

⑶　M&A累積額成長率：「M&A累積額成長率2005（t-2期）」は，2000年から2005年の5年間の累積買収金額を1995年から2000年の5年間の累積買収金額で除したもので，「M&A累積額成長率2010（t-1期）」は，2005年から2010年の5年間の累積買収金額を2000年から2005年の5年間の累積買

収金額で除したものを示したものである。

　統御変数は，「従業員数（2010・2015）」と「2015年ダミー」を設定した。くわえて，企業の異質性を考慮するために「バイオパイプライン構成比の増加率が平均値（2時点の平均）より多い企業」を対象に企業ダミーを設定して，戦略変数，企業規模以外の要素を統御することを試みた。

g）検証モデル

　上述の被説明変数および説明変数を用いた，絶対数に関する分析（推計式1）および構成比の増加に関する分析（推計式2）は，表4.3の通りである。

h）パイプライン絶対数と各変数の基本統計量および相関係数行列

　パイプライン絶対数に影響を与える要因の推計で用いる変数の基本統計量は表4.4のとおりである。表4.5は各変数の相関係数行列である。戦略に関する変数ではバイオパイプライン数とR&D費の相関係数が0.589と高めである。

表4.3　本章の仮説検証に用いる基本推計式

基本推計式1： 絶対数に関する分析	バイオパイプライン数（2010・2015）＝α＋$\beta1$・R&D費（2005・2010）＋$\beta2$・OI累積件数（2005・2010）＋$\beta3$・M&A累積額（2005・2010）＋$\beta4$・従業員数（2010・2015）＋$\beta5$・2015ダミー＋$\beta6$・企業ダミー
基本推計式2： 構成比の増加に関する分析	全パイプラインにおけるバイオパイプライン構成比増加率（2010・2015）＝α＋$\beta1$・R&D費成長率（2005・2010）＋$\beta2$・OI累積件数成長率（2005・2010）＋$\beta3$・M&A累積額成長率（2005・2010）＋$\beta4$・従業員数（2005・2010）＋$\beta5$・2015ダミー＋$\beta6$・企業ダミー

　また，R&D費と従業員数の相関係数が0.778と高くなっている。

i）バイオパイプライン構成比の増加分析で用いる変数の基本統計量および相関係数行列

　バイオパイプライン構成比の増加分析で用いる変数の基本統計量は表4.6の

とおりである。表4.7は，バイオパイプライン構成比増加率と各変数の相関係数を見たものである。バイオパイプライン構成比増加率とOI成長率の相関係数が0.384と高くなっている。次いでバイオパイプライン構成比増加率とM&A成長率の相関係数が0.313とやや高めである。

表4.4　バイオパイプライン絶対数と各変数の基本統計量

	度数	最小値	最大値	平均値	標準偏差
バイオパイプライン数（2010・2015）	86	.00	15.00	1.59	2.91
R&D費 （2005・2010）	86	333.00	242503.00	27226.94	44002.88
OI累積件数 （2005・2010）	86	.00	19.00	3.44	4.27
M&A累積額 （2005・2010）	86	.00	1003200.00	26829.89	120660.15
従業員数 （2005・2010）	86	236.00	6780.00	2346.00	1750.92
2015年ダミー	86	.00	1.00	.50	.50
アステラスダミー	86	0	1	.02	.152
エーザイダミー	86	0	1	.02	.152
武田薬品ダミー	86	0	1	.02	.152
JCRファーマダミー	86	0	1	.02	.152
塩野義ダミー	86	0	1	.02	.152
田辺三菱ダミー	86	0	1	.02	.152
小野薬品ダミー	86	0	1	.02	.152
中外製薬ダミー	86	0	1	.02	.152
協和発酵ダミー	86	0	1	.02	.152
日本化薬ダミー	86	0	1	.02	.152
第一三共ダミー	86	0	1	.02	.152
大塚製薬ダミー	86	0	1	.02	.152

表4.5　バイオパイプライン絶対数と各変数の相関係数行列

	1	2	3	4	5	6	7	8	9	10	11	12	13	14	15	16	17
バイオパイプライン数（2010・2015）	1																
R&D費（2005・2010）	.589	1															
OI累積件数（2005・2010）	.448	.562	1														
M&A累積額（2005・2010）	.324	.663	.432	1													
従業員数（2005・2010）	.607	.778	.601	.429	1												
2015年ダミー	.052	.106	-.071	.172	.022	1											
アステラスダミー	.209	.337	.293	.209	.278	.000	1										
エーザイダミー	.128	.296	.148	-.032	.141	.000	-.024	1									
武田薬品ダミー	.395	.498	.547	.615	.373	.000	-.024	-.024	1								
JCRファーマダミー	.048	-.089	-.107	-.035	-.177	.000	-.024	-.024	-.024	1							
塩野義ダミー	.022	.038	-.016	.037	.158	.000	-.024	-.024	-.024	-.024	1						
田辺三菱ダミー	.075	.172	.002	-.030	.237	.000	-.024	-.024	-.024	-.024	-.024	1					
中外製薬ダミー	.555	.088	.111	-.035	.218	.000	-.024	-.024	-.024	-.024	-.024	-.024	1				
協和発酵ダミー	.475	.048	.038	-.009	.169	.000	-.024	-.024	-.024	-.024	-.024	-.024	-.024	1			
日本化薬ダミー	.048	-.062	-.034	-.030	-.045	.000	-.024	-.024	-.024	-.024	-.024	-.024	-.024	-.024	1		
第一三共ダミー	.102	.490	.002	.052	.294	.000	-.024	-.024	-.024	-.024	-.024	-.024	-.024	-.024	-.024	1	
大塚製薬ダミー	.075	.155	.148	.045	.308	.000	-.024	-.024	-.024	-.024	-.024	-.024	-.024	-.024	-.024	-.024	1

表4.6　バイオパイプライン構成比の増加率分析で用いる変数の基本統計量

	度数	最小値	最大値	平均値	標準偏差
バイオパイプライン構成比増加率 （2010・2015）	86	.00	4.50	.57	.88
R&D費成長率（2005・2010）	86	.52	6.07	1.32	.74
OI件数成長率（2005・2010）	86	.00	12.00	1.75	2.94
M&A累積額成長率（2005・2010）	86	.00	439.00	8.63	52.01
従業員数（2010・2015）	86	380.00	31328.00	5158.51	7226.09
2015年ダミー	86	0.0	1.0	.50	.50
アステラスダミー	86	0.0	1.0	.02	.15
エーザイダミー	86	0.0	1.0	.02	.15
武田薬品ダミー	86	0.0	1.0	.02	.15
JCRファーマダミー	86	0.0	1.0	.02	.15
JTダミー	86	0.0	1.0	.02	.15
小野薬品ダミー	86	0.0	1.0	.02	.15
塩野義ダミー	86	0.0	1.0	.02	.15
田辺三菱ダミー	86	0.0	1.0	.02	.15
中外製薬ダミー	86	0.0	1.0	.02	.15
協和発酵ダミー	86	0.0	1.0	.02	.15
第一三共ダミー	86	0.0	1.0	.02	.15
大塚製薬ダミー	86	0.0	1.0	.02	.15
持田製薬ダミー	86	0.0	1.0	.02	.15
参天製薬ダミー	86	0.0	1.0	.02	.15
生化学工業ダミー	86	0.0	1.0	.02	.15

4.3.3　イノベーション戦略と成果の推計結果

　表4.8は，パイプライン絶対数に関する分析として「2010年・2015年時点の
バイオパイプライン数」を被説明変数に，「R&D費」，「OI累積件数」，「M&A
累積額」の2010年時点（t-1期），2005年時点（t-2期）を説明変数として推計
した結果を示したものである（推計式1）。

　表4.8の推計結果を見ると，「バイオパイプライン数」と各戦略変数との関係
性を見たModel 1-bにおいて，「R&D費」は正で5％水準である一方，「M&A
累積額」「OI累積件数」は有意を示さなかった。また，企業ダミーでは，「ア
ステラス」が正で5％，「武田薬品」「JCRファーマ」「中外製薬」「協和発酵」

表4.7　バイオパイプライン構成比の増加分析で用いる変数の相関係数行列

	1	2	3	4	5	6	7	8	9	10	11	12	13	14	15	16	17	18	19	20	21
バイオパイプライン構成比増加率(2010・2015)	1																				
R&D費成長率(2005・2010)	.122	1																			
OI件数成長率(2005・2010)	.384	.094	1																		
M&A累積額成長率(2005・2010)	.313	.120	-.029	1																	
従業員数(2010・2015)	.260	.197	.065	.210	1																
2015年ダミー	.116	.037	.155	.166	.052	1															
アステラスダミー	.335	.075	.059	-.026	.248	.000	1														
エーザイダミー	.262	.083	.084	.629	.123	.000	-.024	1													
武田薬品ダミー	.132	.103	.036	.211	.424	.000	-.024	-.024	1												
JCRファーマダミー	.151	.022	-.037	-.026	-.101	.000	-.024	-.024	-.024	1											
JTダミー	.153	-.101	-.104	-.026	-.095	.000	-.024	-.024	-.024	-.024	1										
小野薬品ダミー	.297	-.004	.364	-.026	.011	.000	-.024	-.024	-.024	-.024	-.024	1									
塩野義ダミー	.215	.224	.052	-.026	.079	.000	-.024	-.024	-.024	-.024	-.024	-.024	1								
田辺三菱ダミー	.210	.000	-.003	-.026	-.051	.000	-.024	-.024	-.024	-.024	-.024	-.024	-.024	1							
中外製薬ダミー	.153	-.035	.080	-.026	.037	.000	-.024	-.024	-.024	-.024	-.024	-.024	-.024	-.024	1						
協和発酵ダミー	.097	-.025	-.079	.178	.049	.000	-.024	-.024	-.024	-.024	-.024	-.024	-.024	-.024	-.024	1					
第一三共ダミー	.114	.181	.085	-.019	.393	.000	-.024	-.024	-.024	-.024	-.024	-.024	-.024	-.024	-.024	-.024	1				
大塚製薬ダミー	.120	.008	.002	-.026	.014	.000	-.024	-.024	-.024	-.024	-.024	-.024	-.024	-.024	-.024	-.024	-.024	1			
持田製薬ダミー	.096	-.047	-.037	-.026	-.074	.000	-.024	-.024	-.024	-.024	-.024	-.024	-.024	-.024	-.024	-.024	-.024	-.024	1		
参天製薬ダミー	.052	-.025	.163	-.026	-.045	.000	-.024	-.024	-.024	-.024	-.024	-.024	-.024	-.024	-.024	-.024	-.024	-.024	-.024	1	
生化学工業ダミー	.098	-.026	.030	-.026	-.097	.000	-.024	-.024	-.024	-.024	-.024	-.024	-.024	-.024	-.024	-.024	-.024	-.024	-.024	-.024	1

「日本化薬」が正で1％有意が見られた。

表4.9は，バイオパイプライン構成比の増加に関する分析として「2005年から2010年」と「2010年から2015年」の「バイオパイプライン構成比の増加率（％）」の2時点を被説明変数として，「R&D費成長率」，「OI累積件数成長率」，「M&A累積額成長率」の2010年時点（t-1期），2005年時点（t-2期）のデータを説明変数として推計した結果を示したものである（推計式2）。表4.9の推計結果を見ると，技術成果である「バイオパイプライン構成比の増加率」と各戦略行動変数の増加率との関係性を表すModel 2-bにおいて，「R&D費成

表4.8　戦略変数の「バイオパイプライン数」への影響（推計式1）

被説明変数	バイオパイプライン数（2010・2015）				VIF
	Model 1-a		Model 1-b		
説明変数	β	t値	β	t値	
（定数）		.774		.645	
R&D費成長率（2005・2010）			.457	2.091 **	6.495
OI件数成長率（2005・2010）			-.023	-.401	2.508
M&A累積額成長率（2005・2010）			-.158	-1.621	7.281
従業員数（2005・2010）	-.013	-.187	-.055	-.713	4.546
2015年ダミー	.053	1.437	.031	.803	1.126
アステラスダミー	.275	6.351 ***	.153	2.081 **	4.160
エーザイダミー	.195	4.977 ***	.046	.554	5.230
武田薬品ダミー	.459	9.757 ***	.338	4.149 ***	5.070
JCRファーマダミー	.113	3.012 ***	.116	3.128 ***	1.056
塩野義ダミー	.091	2.299 **	.064	1.564	1.299
田辺三菱ダミー	.144	3.442 ***	.051	.835	2.858
小野薬品ダミー	.063	1.704 *	.029	.680	1.396
中外製薬ダミー	.613	14.846 ***	.558	11.346 ***	1.853
協和発酵ダミー	.534	13.393 ***	.498	11.503 ***	1.434
日本化薬ダミー	.115	3.120 ***	.114	3.126 ***	1.010
第一三共ダミー	.171	3.895 ***	-.049	-.430	7.781
大塚製薬ダミー	.145	3.267 ***	.077	1.409	2.306
標本数	86				
R^2（自由度調整済み決定係数）	0.883		0.895		

注：OLS（Ordinary Least Squares：最小二乗法）による。*，**，***は，統計的に10%，5%，1%水準での有意を示す。

長率」は統計的有意を示さない。一方「OI累積件数の成長率」は正で1％の有意を，「M&A累積額の成長率」は，正で5％水準の統計的有意を示した。

また，企業ダミーでは，「エーザイ」「武田薬品」「協和発酵」「第一三共」が正で5％有意を「アステラス」「JCRファーマ」「JT」「小野薬品」「塩野義」「田辺三菱」「中外製薬」「大塚製薬」「持田製薬」「生化学工業」が正で1％有

表4.9　戦略変数の「バイオパイプライン構成比増加率」への影響（推計式2)

被説明変数	バイオパイプライン 構成比増加率 （2005→2010・2010→2015）				VIF
	Model 2-a		Model 2-b		
説明変数	β	t値	β	t値	
（定数）		-.292		-.131	
R&D費成長率（2005・2010）			.039	.616	1.154
OI件数成長率（2005・2010）			.220	3.159 ***	1.372
M&A累積額成長率（2005・2010）			.205	2.360 **	2.130
従業員数（2010・2015）	-.019	-.214	-.002	-.018	1.941
2015年ダミー	.117	1.830 *	.050	.792	1.113
アステラスダミー	.419	6.101 ***	.400	6.194 ***	1.179
エーザイダミー	.346	5.260 ***	.192	2.299 **	1.978
武田薬品ダミー	.224	2.961 ***	.160	2.171 **	1.534
JCRファーマダミー	.233	3.607 ***	.238	3.960 ***	1.022
JTダミー	.235	3.637 ***	.250	4.123 ***	1.035
小野薬品ダミー	.377	5.854 ***	.293	4.470 ***	1.216
塩野義ダミー	.298	4.587 ***	.289	4.626 ***	1.104
田辺三菱ダミー	.292	4.532 ***	.288	4.807 ***	1.013
中外製薬ダミー	.237	3.672 ***	.213	3.512 ***	1.037
協和発酵ダミー	.183	2.830 ***	.152	2.432 **	1.105
第一三共ダミー	.206	2.776 ***	.181	2.565 **	1.410
大塚製薬ダミー	.205	3.179 ***	.199	3.321 ***	1.017
持田製薬ダミー	.180	2.794 ***	.182	3.037 ***	1.016
参天製薬ダミー	.137	2.137 **	.097	1.583	1.058
生化学工業ダミー	.181	2.808 ***	.170	2.831 ***	1.022
標本数	86				
R²（自由度調整済み決定係数）	0.652		0.699		

注：OLS（最小二乗法）による。*，**，***は，統計的に10%，5%，1%水準での有意を示す。

意が見られた。

なお，ここまでの2つの重回帰分析においては同じ企業のデータをそれぞれ2時点投入している階層的なデータ構造となっている。それゆえ，回帰分析で必要となる独立性の仮定をみたしていないため結果の解釈には十分な留意が必要となる。[6]

次に，表4.10は「2005年から2010年のバイオパイプライン構成比の増加率」と「2010年から2015年のバイオパイプライン構成比の増加率」を被説明変数として，説明変数に各々の時期に対応する「R&D費成長率」，「OI累積件数の成長率」，「M&A累積額成長率」のデータを投入し，推計したものである。表4.10の分析は，前述の表1.2にあるように日本の主要な製薬企業の「M&A」と「OI」の実施状況として，「M&A」は2000年～2010年の間に活発に行われている傾向が見られる。また，「OI」については2005年以降，特に2010年以降から活発に行われている傾向にあるため，各々の時期を分けて分析することで，理論ベースにくわえて事実ベースでの各戦略行動が与える影響を確認することを試みた。

「2005年から2010年のバイオパイプライン構成比の増加率」に関する推計結果（Model 3-b）を見ると，技術成果にあたる「バイオパイプライン構成比の増加率2010」に対して「R&D費成長率（2010）」は影響を示さなかった。一方「OI累積件数の成長率（2010）」は正で10%の有意を示した。また，「M&A累積額成長率（2010）」は正で5％の有意を示した。

次に「2010年から2015年のバイオパイプライン構成比の増加率」に関する推計結果（Model 4-b）を見ると，技術成果にあたる「バイオパイプライン構成比の増加率2015」に対して「R&D費成長率（2015）」と「M&A累積額成長率（2015）」は影響を示さなかった。一方「OI累積件数の成長率（2015）」は正で1％の有意を示した。なお，Model 3-a，4-aは各戦略変数を投入する前の説明力を見たものであり，Model 3-b，4-bとの説明力（R^2）の差が各戦略変数を投入したことによる説明力向上への寄与を示したものであるが，特に4-aと4-bで精度の向上が見られた。

ここまでの重回帰分析と個別企業の戦略行動の散布図の確認を踏まえて，

表4.10　戦略変数の「バイオパイプライン増加」に与える影響（時期別）

被説明変数	バイオパイプライン増加率 (2005→2010)		VIF	バイオパイプライン増加率 (2010→2015)		VIF
説明変数	Model 3-a	Model 3-b		Model 4-a	Model 4-b	
R&D費成長率 (2010)		-.021 (-0.164)	1.014			
OI累積件数成長率 (2010)		.263 * (1.974)	1.058			
M&A累積額成長率 (2010)		.391 ** (2.653)	1.296			
R&D費成長率 (2015)					.187 (1.510)	1.060
OI累積件数成長率 (2015)					.481 *** (3.926)	1.036
M&A累積額成長率 (2015)					.112 (0.836)	1.242
従業員数 (2010)	.378 ** (2.618)	.164 (1.129)	1.252			
従業員数 (2015)				.225 (1.479)	.159 (1.122)	1.303
標本数	43			43		
R² (自由度調整済み決定係数)	0.122	0.296		0.027	0.392	

注：OLS（最小二乗法）での重回帰分析である。*，**，***は，統計的に10%，5%，1%水準での有意を示す。上段は標準化係数，括弧内はt値を示す。

表4.11に，本章の仮説として設定した検証結果を示した。H1-a，H1-b，H2-b，H3-bにする仮説が支持されたが，H2-a，H3-aは支持されなかった。以降では，検証された仮説，支持されなかった仮説も含めて，分析結果の解釈と考察を行う。

表4.11　推計結果と仮説検証の整理

	Model 1-b （絶対数への影響分析）	Model 2-b （構成比増加への影響分析）
R&D費・成長率（H1）	正で5%有意 （仮説1-aを支持）	正で有意でない （仮説1-bを部分的に支持）
OI累積件数・成長率（H2）	負で有意でない （仮説2-aは支持されず）	正で1%有意 （仮説2-bを支持）
M&A累積額・成長率（H3）	負で有意でない （仮説3-aは支持されず）	正で5%有意 （仮説3-bを支持）

4.4　分析結果のまとめ

4.4.1　分析結果と考察

　この章では本研究で提案する分析フレームに従って，仮説検証の実証分析を行った。分析の結果をまとめると，図4.3，図4.4のように描くことができる。分析全体から得られたエッセンスを記述すると次のようになる。

　バイオパイプライン数に関する分析の結果である図4.3は，2010年・2015年の「バイオパイプライン数」と「戦略変数（実数値）」に関する分析結果を表すものである。「バイオパイプライン数」に影響を与えたイノベーション戦略行動は，「R&D費」であった。従来の連続技術にくわえて，非連続に生じた技術変化への対応においても「R&D」という戦略行動が有用である可能性が示唆された。一方「OI件数」と「M&A累積額」は「バイオパイプライン数」に対して統計的に有意な影響を示さなかった。

　次に，パイプラインの構成比の増加に関する分析結果を示す（図4.4）。バイオパイプライン構成比の増加に影響を与えたイノベーション戦略行動は，「OI累積件数の成長率」と「M&A累積額の成長率」であった。事業の多角化や新製品市場への参入においては，外部組織との提携とM&Aは有効性を示す（嶋口・内田・黒岩，2009）とされるが，非連続な技術成果に対しても外部資源の活用が有用であることが示された。

　非連続に生じた技術変化への対応においても「OI」と「M&A」という戦略行動が，これらの先行研究と同様の結果をもたらすことが確認されたことから，非連続技術への対応する行動変数は，成長戦略や事業の多角化への対

図4.3 各戦略変数が「Bio パイプライン数」に与える影響

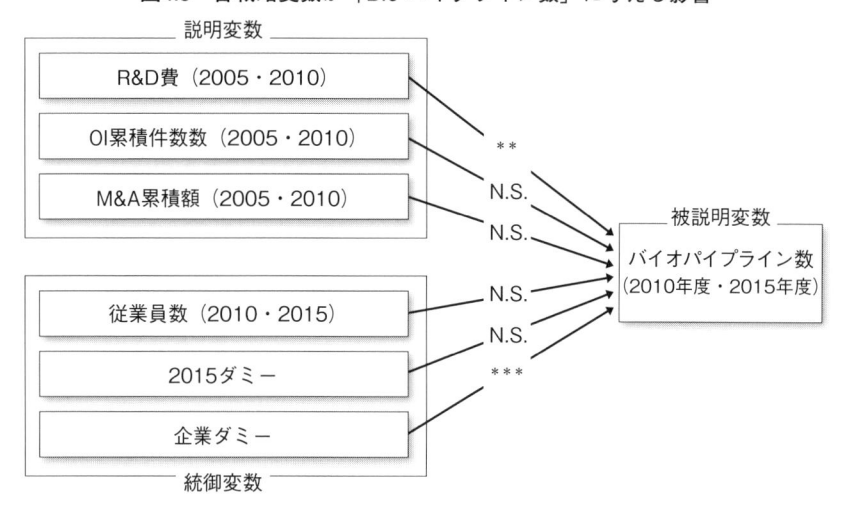

注：図中の*，**，***は統計的に10%，5%，1%有意であること，またN.S.はNot Significant（有意でない）を表す。

図4.4 各戦略変数が「バイオパイプラインの構成比の増加」に与える影響

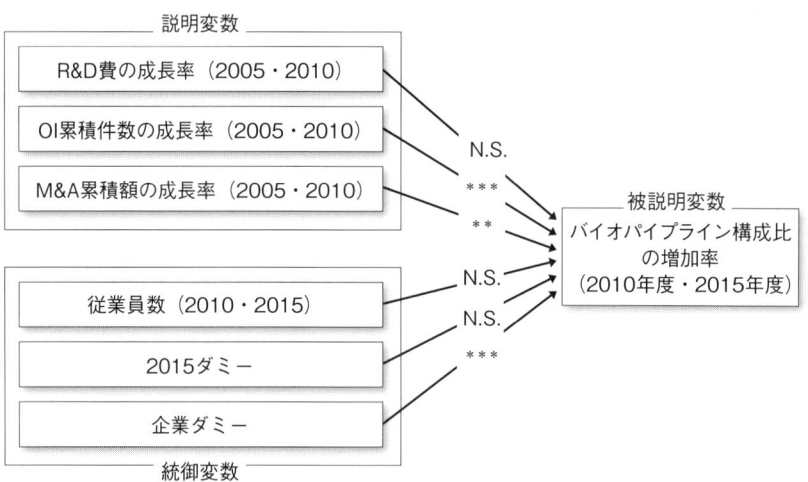

注：図中の*，**，***は統計的に10%，5%，1%有意であること，またN.S.はNot Significant（有意でない）を表す。

応の有効性と近似する可能性も示唆された。特に，OIはM&Aより標準化係数も大きいことから，技術成果獲得において，より有用な戦略であることが示唆される。一方，もう一つの戦略行動である「R&D費の成長率」は「バイオパイプライン構成比の増加率」に統計的有意な影響を示さなかった。事業の多角化や新製品市場への参入においては，「R&D」は有効性を示しにくい（嶋口・内田・黒岩，2009）が非連続に生じた技術成果の絶対数（効果の大きさ）に対してもR&Dによる内部資源の蓄積は有効性を示しにくいことが示唆された。

　前述までの整理を踏まえて，本章の分析結果の理論的な考察は次のようになる。

　まず，2時点の「バイオパイプライン数」には「R&D費」が正で有意な影響を示した。このことから「連続技術」や「非連続技術」問わず，「R&D費」が重要であるとも見える（表4.5，図4.3）。

　一方，本章での仮説検証の対象である非連続技術への転換への影響を動的に見るための2時点の増加率による「バイオパイプライン構成比増加率」では，「OI累積件数成長率」と「M&A累積額成長率」が正で有意を示した。2005年から2010年までの「バイオパイプライン構成比増加率」を見ると，「OI累積件数成長率」と「M&A累積額成長率」が正で有意を示した。さらに2010年から2015年の5年間での「バイオパイプライン構成比増加率」では，「OI累積件数成長率」のみが正で有意を示した。

　これらの複数の分析結果を経て，非連続技術への移行，転換に「R&D費成長率」はいずれも効果を示さない一方「OI累積件数成長率」は年代問わず一貫して効果を示し，「M&A額成長率」は動的な技術転換（バイオパイプラインの構成比を高める）には有効性を示すも期間別に見ると一貫性がない。

　これらのことから，まず「R&D費」は，絶対数としての「バイオパイプライン数」には影響を示すが，動的な技術転換（バイオパイプライン構成比を高める）には有用とはいえない。一方で，技術転換には「OI累積件数成長率」と「M&A累積額成長率」という外部資源の活用が影響を示した。

　特に，「OI累積件数成長率」はいずれの年代でも一貫して有効性を示した。

一方の「M&A累積額成長率」は年代によって，一貫した有効性を示さなかった。「M&A」の有効性は振れ幅が大きく，その時々の外部環境にも左右されることが想定される。また，有意ではあったものの「OI」に比べると標準化係数も小さかった。

本章では，「OI」や「M&A」の増加が「技術成果（転換）」に影響を与えることは示された。しかし，それはなぜなのか，どちらがより有用なのか，という因果関係や背景については，公開されているデータという制限からも，明らかにすることは難しい。次章では代表的な事例として「武田薬品工業」を取り上げて事例分析を行うことで，それらの影響の因果関係や背景について探ることを試みる。

4.4.2　次章に残された課題

新規技術であるバイオ医薬品において，優位性のない状態からでも転換することができるか否かが，非連続に生じた技術変化への上で肝要となる。新規技術のバイオ医薬品への転換では，イノベーション戦略行動のうち外部資源活用による「M&A」と「OI」が正で有意な影響を示した。一方，年代別に見ると「OI」と「M&A」では，有効性を示す時期に違いが見られた。「OI」は年代問わず一貫して有意を示したが「M&A」は年代により効果が異なった。

いずれの推計結果からも新技術であるバイオへの対応に「R&D」による内部蓄積から非連続技術への転換に繋がることが容易ではないと考えられるが，「M&A」と「OI」ではどちらが，より有効なのだろうか。

続く第5章では，本章で確認された，企業のイノベーション戦略行動変数と技術成果獲得への転換の関係について，本章で影響が示された，「M&A」と「OI」を手がかりに，より詳細な検討を行う。本章では「M&A」と「OI」は，「バイオパイプライン構成比の高まり」に影響を与えていることが示された。このことから，非連続に生じた技術変化に対応するためには「M&A」と「OI」が有用である，と読みとることもできる。また，「M&A」と「OI」では事実としての戦略取組み強化と影響時期が異なることも考えられる。

その「M&A」と「OI」をいかに進めることが企業にとって有用なのか，その内容を確認することが技術獲得の方法を提示する上では必要であろう。

　また，本章では，各イノベーション戦略について，独立する変数として分析を進めてきた。しかし，「M&A」と「OI」の取組みは企業にとって同時進行であり，別々のものでない。そこで，現在進行中の事象を捉えて考察を試みるためには，事例による分析が研究方法として適していると考える。その理由として，日本の製薬企業におけるバイオ医薬品への対応は，まさに現在進行中である。そのため本章での分析結果の意味を解釈するには，既存技術で成功を収めていた企業が，どのように「M&A」と「OI」を介してバイオ医薬品のパイプライン数を獲得し，蓄積しているのか，その組織能力について，さらに見ていく必要がある。事例分析の対象は，既存技術で成功を収め，その反面新規技術への対応が課題となっている代表的な企業として，武田薬品工業株式会社（以下，武田薬品）を取り上げる。武田薬品は新規技術に適応するための戦略行動として，「M&A」を採択している。なぜ，「R&D」や「OI」ではなくバイオ技術の「M&A」を最初に採択したのか，「OI」についての対応にはいかに取組んでいるのか，分析と考察を行う。また，そうした「M&A」による「バイオ技術資源」の獲得が「OI」や「成果変数（技術成果・経営成果)」にどのような影響を与えるのか，について第5章でケーススタディーを用いて分析を行う。

　本章での分析の課題としては，43社という限定的なサンプルを対象にしていることによる一般化可能性の限界がある。比較的大企業を対象にしたものの，対象企業間の規模のバラつきも大きい。極端な小規模企業や研究開発実績がない企業などを除外するなどの対処を行ったが，偏りは排除しきれない。また，対象としたデータが2010年・2015年と2時点に留まっている点も課題として挙げられる。次章ではより連続的な時間軸を考慮した分析が必要となる。

4.5　補足的分析

4.5.1　補足的な分析の説明

　本章では(1)非連続技術での競争優位（本研究ではバイオパイプラインの絶

対数の多さ）に寄与する要因の分析，(2)連続技術から非連続技術への移行，技術転換（本研究ではバイオパイプライン構成比の増加）に近づけるために寄与する要因の分析，という２つの視点に基づき実証分析を実施した。特に，(2)非連続技術への移行，転換に影響を持つ戦略の抽出に主眼をおいて検討した。その分析結果と主な考察は前述のとおりであるが，(2)非連続技術への移行，転換に関する分析について，次の視点での補足的な検討の必要性が考えられる。それは「バイオパイプラインの構成比の増加率」と類似した方法として，「バイオパイプライン数の増加（変化差）」を変数として用いた分析である。

4.5.2 バイオパイプライン数の増加（変化差）に関する補足的分析

表4.12は，パイプライン数の増加差に関する分析として「2005年から2010年時点でのバイオパイプライン数の増加差」「2010年から2015年時点でのバイオパイプライン数の増加差」の２時点の増加差を被説明変数として，「R&D

表4.12　戦略変数の「バイオパイプライン数の増加（変化差）」に与える影響の推定

被説明変数	バイオパイプライン増加（変化差） （2010・2015）		VIF
説明変数	Model 5-a	Model 5-b	
R&D費の増加差（2005・2010）		-.026 (-0.169)	2.512
OI累積件数の増加差（2005・2010）		.228 ** (2.020)	1.367
M&A累積額の増加差（2005・2010）		.270 * (1.872)	2.231
従業員数（2010・2015）	.402 *** (4.023)	.423 *** (3.386)	1.669
2015ダミー	-.114 (-1.136)	-.056 (-0.564)	1.049
標本数	86		
R²（自由度調整済み決定係数）	0.152	0.207	

注：OLSによる。*，**，***は統計的に10%，5%，1%水準での有意を示す。なお，上段は標準化係数,括弧内はt値を示す。

費」,「OI累積件数」,「M&A累積額」の2005年から2010年時点（t-1期）の増加差，2000年から2005年時点（t-2期）の増加差に関するデータを説明変数として推計した結果を示したものである。

表4.12の推計結果を見ると，技術成果にあたる「バイオパイプライン数の増加差」と各戦略行動変数の増加との関係性を表すModel 5-bにおいて,「R&D費の増加差」は統計的有意を示さなかった。一方「OI累積件数の増加差」および「M&A累積額の増加差」は，それぞれ正で5％,10%の水準で統計的有意を示した。

補足的な分析から，先に本章で分析を実施した「バイオパイプラインの構成比の増加」と同様の結果が確認された。これらの補足的な分析結果も踏まえて，第5章に議論を進めていくこととする。

〈注〉

1 本章での実証分析は，小久保・新藤（2012），小久保（2012），小久保（2013）を参考にしている。

2 会員企業等の詳細は日本製薬工業協会ホームページ（http://www.jpma.or.jp/）を参照されたい。

3 この理論的フレームワークは「業界構造（structure）→企業行動（conduct）→成果（performance）」略して，SCPモデルとして知られる。このモデルでの業界構造（structure）は，その業界に存在する競合企業の数，製品の差異化の度合い，参入と退出のコストなどによって測定される。企業行動（conduct）とは，業界における特定の企業がとる行動のことで，市場価格に応じた価格調整による需要変動への適応（price taking），製品差別化，談合，そして市場占有力を背景とした行動などである。成果（performance）は，（1）個別企業レベルの成果，（2）業界全体の成果の2つの意味がある。

4 VRIOフレームワークは，RBV（Resource based view）の代表的なフレームワークで，（1）経済的価値（Value），（2）希少性（Rarity），（3）模範可能性（Inimitability），（4）組織（Organization）の4つの観点から競争優位の源泉を分析する方法論である。

5 企業規模を統御する変数として「売上高」に関する変数を用いた場合VIFが10を超えてしまうため，統御変数として用いなかった。その代わりとして，企業規模の統御には「従業員数」を用いたが，いずれの変数もVIFが4未満であった。VIFが10以上の数値を示す場合は，多重共線性が疑われる（VIF10＝ある説明変数の変動の90%以上が他の説明変数によって説明されてしまう状態のこと）。

6 重回帰分析には目的変数に対して以下の仮定をおいている。①目的変数が正規分布とみなせる，②目的変数の残差の分散（説明変数で説明されない部分）に偏りがない，③目的変数の残差が独立である（データがすべて独立にサンプリングされることで成立する）。③については逆にいえばグループ単位でサンプリングされるような階層的なデータでは，残差の独立性の仮定が成立しない。特に，②と③に対しては脆弱で推定結果を見誤る場合がある。ただし，本分析では企業ダミーを投入することで「企業の異質性に起因する時間不変的な効果」に関して対処を行った。

5章

技術変化対応への外部資源活用：
武田薬品工業の事例分析

　前述の第4章では，新規技術であるバイオ医薬品への技術転換には，「M&A」と「OI」が影響をもたらすことを明らかにした。これまで見てきたように，製薬企業はバイオ医薬品という技術変化による影響をうけて，早期の対応が求められている。特に，低分子合成技術で成功を収めてきた企業にとっては，それまでの成功体験，資産やノウハウがかえって足枷になることが考えられる。

　そこで，本章では，その技術変化の真っ只中にいる企業が，どのように対応しているのか，一つの事例分析にあたってみる。対象として取り扱うのは，武田薬品工業（以下，武田薬品）のケースである。前章で重回帰分析の結果とあわせて，成果と戦略変数に関する企業の散布図で見たように武田薬品は，新技術であるバイオ医薬品獲得のために，M&Aを積極的に採択している代表的企業である。

　ケースの構成は以下のとおりである。「5.1」では，ケース分析のための事前分析を行う。次に，「5.2」では本ケース分析の方法と用いるデータについて説明する。「5.3」では武田薬品の事業セグメントと低分子合成医薬品に基づく事業展開について，「5.4」では，武田薬品のバイオ医薬品を狙いとしたM&A戦略と近年のOI戦略を中心に事例分析を行う。また，従来のR&D行動についても確認する。最後に小括として，分析結果からの考察を行う。

5.1 ケース分析のための事前分析

本章では，武田薬品のバイオ医薬品を獲得する戦略的な取組みに関するケース分析を行う。ケース分析を実施するにあたり，武田薬品はなぜ，最初に「M&A」を採択したのか，なぜ，近年「OI」によるバイオ医薬品の獲得を採択し始めたか，という疑問が生じる。ケース分析を実施する前に公開情報をもとに分析を試みた。

5.1.1 事前分析の項目と情報ソース

事前分析として，武田薬品の直近10年間での上市製品のうち，バイオ技術が含まれているか否か，バイオ医薬品に関するOIはなされているか否か，について公開情報をもとに調査する。

分析対象とする期間は，平成14年4月〜平成24年3月の10年間で，その間に実施された厚生労働省の「部会審議」「部会報告」の対象となった医薬品（788件）である。

そのうち，申請区分が(1)新有効成分含有医薬品であるもの（275件／788件）に絞られる。さらに，直接治療に関与しない「造影剤」や，審査により「バイオ後続品」として位置づけられたものを除外し，最終的に絞り込まれた医薬品を分析対象とした（263件／275件）。なお，分析のために抽出した項目と情報ソースは下記のとおりである（表5.1）。

表5.1　抽出項目と情報ソース

項目	項目の粒度	情報ソース
適応症	薬効分類	今日の治療薬2013
	対象疾患	審査報告書の「効果・効能」
分子量	● 低分子（〜1,000Da） ● 中分子（1,000〜5,000Da） ● 高分子（5,000Da〜）の別	審査報告書の「化学構造」欄より
オリジン	企業・ベンチャー・アカデミアの別	審査報告書およびインタビューフォーム等
承認取得者名	企業・ベンチャー・アカデミアの別	審査報告書およびインタビューフォーム等

出所：各種情報をもとに筆者作成。

5.1.2 事前分析の分析結果

　平成14年から平成24年の10年間の公開情報をもとにした調査分析の結果，武田薬品を見ると，この間の上市品は4製品であった。さらに4製品を見ていくと，シーズ発掘から上市までにおいて，必ずしも全ての製品を自前R&Dで実施しているわけではなく，外部資源の活用による上市品も1製品見られた。しかしOIは活用しておらず，外部活用の1製品は「バイオ製品」で上市しているものの，あくまで買収先企業であるアムジェンが米国ベンチャーを買収し，保有していたものである（図5.1）。

　この分析結果から推察すると武田薬品はバイオ医薬品に関するOIを採択せず，M&A戦略により，直接的にバイオ医薬品のパイプラインを獲得し，上市に導く，という一連のプロセスを成功体験として得ているのではないか。直接的な技術獲得の成果も含めて，M&Aが最良であろう，という前提（仮説）にたっているのではないかという疑問が生じる。これらの事前分析を踏まえ，以降では，武田薬品の一連の「M&A」戦略の背景を見ていく。

図5.1　武田薬品の10年間の上市製品数（自前・外部シーズの別）

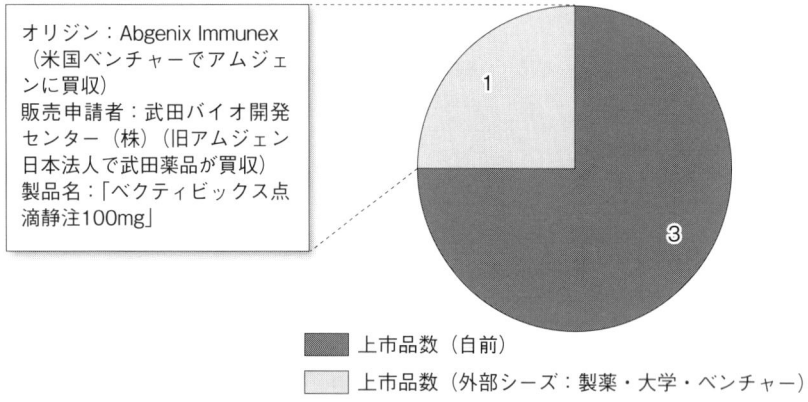

出所：厚生労働省ホームページ「平成14年から平成24年の審査報告書」をもとに筆者作成。

5.1.3 武田薬品のケース分析の意義

武田薬品のバイオ医薬品を獲得する戦略的な取組みは，現在も進行中である。その全貌や成果に言及するのは早計にすぎる感がある。しかし，進行段階であるとはいえ，現在に至るまでの武田薬品のケースは本研究にとって興味ある材料を提供してくれる。得られる情報も含めて本分析に取組む意義，有用性は大きく以下の３点が考えられる。

第１に，武田薬品のケースは，以下で見ていくとわかるように，戦略行動として自前でのR&Dにより低分子合成医薬品で画期的な製品を創出し，その後，大型製品を背景にグローバル化を図っている。また，近年では，成功分野である低分子合成技術の新規開拓余地が枯渇していることにくわえて，新しい創薬アプローチという外部環境の変化，すなわちバイオ医薬品への対応にも直面している。戦略として，M&Aや技術提携を介して，バイオ技術の獲得を推し進めている。このように，武田薬品は，成功モデルから一転して，新しい技術への対応が問われている。武田薬品は，まさに本研究の問題意識に直面しており，その状況下での対応情報を提供してくれる。武田薬品がどのような戦略を実行し，その背後にはどのような狙いがあったのか，その意味するところは何か，といったことを検討することは，次章で実証による研究を行うための材料の提供という点で有益な作業であると考える。

第２に，時間的な分析，時間軸にそった変化の分析を提供できる。前章の実証分析は，２時点のデータに基づいている。前章は，2010年と2015年における日本の製薬企業によるイノベーション成果に影響を与えるイノベーション戦略行動に関する実証分析である。ある時点で日本の製薬企業の中でイノベーション成果を獲得している企業とそうではない企業を比べてみると何が違っていて，その違いがどのような意味や影響を持つのかを明らかにするという分析である。

これに対して，本章のケースでは武田薬品がどのような戦略行動を採択し，それが技術成果とどのような関係性があるのか，その戦略行動の背景と意味は何かを，これまでの取組みと現状の取組みについて，時間的要素を含めて分析することができる。

第3に，ここまでの議論は，先行研究や公表されているデータを中心に展開してきた。分析の視点，変数の抽出や業界の特徴の確認についての問題はないが，変数間の因果関係に関する細かな文脈や具体的なイメージが見えにくい傾向にある。以降の事例分析では武田薬品について，より具体的な記述や分析が可能になり，考察の意味や不明点も鮮明に捉えることができると考える。さらに本章は，日本の製薬企業のM&Aの一連のプロセスを資源面に焦点をあてた探索的な研究である。

5.2 ケース分析の方法とデータ

5.2.1 ケース分析の方法

研究方法として具体的な研究対象を取り上げ，インタビューや収集資料に基づいた事例研究を行う。事例研究は，発展段階にある理論の構築と拡張に適した研究手法である（Eisenhardt，1989；Yin，1994）。本事例研究の目的は，第4章の実証分析で明らかになった，「M&A」と「OI」の有用性についての追認と背景の把握である。そのため，大規模な「M&A」と近年急速に「OI」を多数実施している「武田薬品」という代表的な事例を対象に研究を行う。なお，武田薬品を対象とした単一事例ではあるが，「M&A」と「OI」の有用性について，比較分析の視点により，詳細な分析を行う。

5.2.2 分析に用いるデータ

事例分析の特性として，バイアスが生じやすい点が挙げられる（Yin, 1994）。その点を念頭におき，事例分析のためのデータを収集した。具体的には，本事例研究のもとになるデータは公表されている各種の資料と武田薬品および関係者への複数回の半構造化インタビュー調査による一次データである。一次データである半構造化インタビューでは，インタビュー対象者への共通質問として，「バイオ医薬品への対応」，「買収プロセス，留意点」，「武田薬品の一連の買収によるプラス面とマイナス面」「オープン・イノベーションの取組み」について伺った。インタビューは2013年4月から2016年2月の間に行い

表5.2　武田薬品および関係者へのインタビューリスト

インタビューイー	インタビューイーの所属組織	役職
A氏	武田薬品	管理職
B氏	武田薬品	管理職
C氏	武田薬品	管理職
D氏	アムジェン日本法人	元CEO
E氏	大手外資系フィナンシャルアドバイザリー	元パートナー
F氏	エーザイ	フェロー
G氏	武田薬品	管理職
H氏	武田薬品	管理職

　各回のインタビューは平均2時間程度で，8人に計11回，計20時間程度のインタビューを実施した（表5.2）。

　武田薬品へのインタビューは，A氏，B氏，C氏，G氏，H氏の5名に行った。また，武田薬品の戦略行動を多面的に確認することを目的に，武田薬品が買収したバイオ企業（アムジェン日本法人）の当時トップマネジメントをつとめていたD氏および関係者E氏の2名にインタビューを行った。さらに武田薬品の戦略行動への見解と自社の戦略に関する確認のために，エーザイの基礎研究所のF氏にインタビューを行った。[1]

　なお，武田薬品でインタビューを行った5名はいずれも管理職である。

　また，被買収企業であるアムジェン日本法人の元トップマネジメントであるD氏はいうまでもなく，買収当時の一連の当事者であり，水面下での武田薬品からの買収打診から買収案件が妥結するまでを経験している。E氏は現在D氏がCEOをつとめているバイオ企業のCEO補佐をつとめている。E氏は前職にてフィナンシャルアドバイザーを専門とする大手外資系コンサルティングファームのディレクター職をつとめ，その際に製薬企業のM&Aにおけるフィナンシャルオペレーションについて，多数経験している。F氏はエーザイの基礎研究所のフェロー職であり，執行役員もつとめていた。基礎研究者や管理職として医薬品業界を30年以上経験している。

　もう一つの情報である文献情報などの二次情報についても複数の媒体から情報を多面的に収集した（表5.3）。資料収集に際して，「M&Aに取組む以前

表5.3　事例分析に用いた収集公開資料リスト

■有価証券報告書・公式会議資料等

武田薬品工業有価証券報告書（各年）
2012年6月5日「M&Aを梃子にしたグローバル成長戦略」『経済同友会CFO懇話会資料』
2012年10月4日「タケダの革新への挑戦とコーポレートガバナンス」『監査役全国会議資料』
2013年9月7日「次世代リーダーに向けて」『経済同友会リーダーシップ・プログラム資料』

■文献・アナリストレポート・雑誌等

国際商業出版『製薬企業の実態と中期展望（各年）』
シードプランニング『2010-11年版　医薬品開発戦略分析総合調査　第1巻・第2巻』
日本製薬工業協会『Data Book（各年）』医薬出版センター
矢野経済研究所『医薬産業年鑑（各年）』
矢野経済研究所『医薬品関連企業調査年報（各年）』
武田薬品工業株式会社（1983）『武田二百年史』
2006年3月18日号「編集長インタビュー：武田國男」『週間ダイヤモンド』
2006年5月29日号「編集長インタビュー：武田國男」『プレジデント』
2007年8月13日号「米国での利益が急拡大する医薬品メーカー」『週刊エコノミスト』
2008年10月号「タケダイズム：実践し世界的製薬企業へ飛躍」『DRUG magazine』
2009年5月16日号「企業特集：武田薬品工業」『週刊エコノミスト』
2009年4月11日号「編集長インタビュー：武田國男」『週刊エコノミスト』
2010年7月5日号「特集：武田も揺るがす「2010年問題」」『NIKKEI BUSINESS』
2011年5月28日号「国内首位陥落のリスクを冒し武田薬品が欧州社を巨額買収」『週刊エコノミスト』
2011年7月16日号「巨額買収で『のれん』が大量発生　市場開拓と製品買収が至上命題に」『週刊エコノミスト』
2011年7月25日号「編集長インタビュー：長谷川閑史」『NIKKEI BUSINESS』
2011年10月24日「伝統と変革」『世界経営者会議』
2012年12月Nomuraアナリストレポート『医薬品セクター：2013年の展望』
2013年2月2日号「見えた長谷川改革の全貌　武田薬品, 復活への格闘」『週刊東洋経済』
2013年6月　Citiアナリストレポート『医薬品株式分析；中長期的な成長力を見極める』
2013年7/8月合併号「特別講演：日本の課題・日本企業がとるべき戦略」『グローバル経営』
2014年6月28日号「病める製薬 王者タケダの暗雲」『週刊ダイヤモンド』

■新聞記事

2008年4月2日『朝日新聞』
2008年4月11日『日本経済新聞』
2011年9月26日『日本経済新聞』
2011年10月25日『日本経済新聞』
2013年12月1日『日本経済新聞』
2014年1月10日『日本経済新聞』

■ホームページ

アステラス製薬ホームページ（http://www.astellas.com/jp/）
厚生労働省ホームページ（http://www.ono.co.jp/）
塩野義製薬ホームページ（http://www.cris.hokudai.ac.jp/cris/rbp/shionogi/shionogi01.html/
http://www.shionogi.co.jp/finds/）
武田薬品工業ホームページ（http://www.takeda.co.jp/）

に関する情報資料」，「取組んでいる最中に関する情報資料」，「取組み後に関する情報資料」を収集し，時系列での考察を可能にすることも念頭においた。なお，本章で記述されている事実は公開資料やインタビューにもとづいているが，文責ならびに評価や分析はあくまでも筆者の責によるものである。

5.3 武田薬品の事業セグメント

5.3.1 武田薬品の沿革[2]

1781年（天明元年），初代武田長兵衛が当時の日本の薬取引の中心地であった大阪の道修町にて薬問屋として仲介商を始めたことに遡る。1871年には，西洋由来の薬の輸入を開始し，事業の中心を「西洋薬」に移行していった。1895年には，大阪に工場を建設し，製薬企業としての生業を開始した。第二次世界大戦時には，海外からの科学技術情報を入手することができなかったため，日本は創薬技術が世界から見て遅れをとることになった。

転機となったのは第二次世界大戦以降である。欧米企業から技術導入を進めるとともに，戦前から研究に取組んでいた抗生物質「ペニシリン」の生産を開始し，1952年にはビタミンB1誘導体「アリナミン」を開発，発売し，戦後復興時に蔓延した伝染病や栄養状態の低下を解消するという国内需要を充たすことに大きく貢献した。

現在でも，一般大衆用医薬品としての「アリナミン」などが定着しているが，このような抗生物質やビタミン事業は，1980年代に入るまで，武田薬品の中核事業に位置づけられていた。1980年には，第二世代の抗生物質「パンスポリン」を開発，販売し，海外市場に投入するまでの大型製品に成長した。

武田薬品の躍進に繋がったのは，海外市場でも大きな売上高に繋がる製品を創出できたことにある。日本の製薬企業の中でも国際化で先行しており，1985年には米国でアボット・ラボラトリーズとの合弁会社TAPファーマシューティカル・プロダクツを設立し，同年前立腺癌薬の「リュープリン」[3]を発売した（2002年のピーク時には約1,000億円の売上高を示した）。1995年には，抗潰瘍剤「タケプロン」を発売し，ピーク時の2002年には約4,000億円

の売上高となり，米国においても8位の単品売上高となった。

5.3.2 武田薬品の事業と地域セグメント（2013年時点）

　日本の製薬企業のなかで武田薬品，第一三共，アステラス，エーザイの売上高上位4社が大手4社といわれており，その特徴は海外展開が先行しているところにある。トップの武田薬品は，連結子会社14社，持分法適用関連会社16社を合わせた161社の企業集団によって構成されている（図5.2）。

　医療用医薬品は，国内では，武田薬品と日本製薬株式会社などが製造・販売している。グループの製品は，一部を除いては武田薬品経由で販売している。

　海外においては，米国のミレニアム・ファーマシューティカルズ Inc. を除く全ての海外販売機能を統括するCCO（Chief Commercial Officer）のもと，米州では武田ファーマシューティカルズ USA Inc. 他が，欧州およびアジアでは各国に展開している子会社・関連会社が販売機能を担っており，武田薬品はこれらのうち一部の関係会社に製品を供給している。また，武田アイルランド Limited が，同社との加工委託契約に基づき製造を行っている。

　そのほか，ドイツにある武田 GmbH など子会社数社が製造を行っている。研究・開発機能については，研究開発活動にかかるイノベーションの推進と生産性向上に関する取組みを統括するCMSO（Chief Medical & Scientific Officer）のもと，持続的な成長を実現しうる研究開発パイプラインの構築に努めている。

　まず，研究機能については，米国では武田カリフォルニア Inc. などが，欧州では武田ケンブリッジLimited 他が，国内研究所と連携して同社グループの研究開発パイプラインを強化するため創薬研究を実施している。また，開発機能については，米国においては武田グローバル研究開発センター Inc. などが，欧州においては武田グローバル研究開発センター（欧州）Ltd. などが，アジアにおいては武田グローバル研究開発センター（アジア）Pte. Ltd. などが開発を行っており，同社はこれらの関係会社に医薬品の開発・許可取得を委託等している。

　なお，武田薬品の重点疾患領域のひとつである癌領域については，ミレニ

図5.2 武田薬品の事業概要図

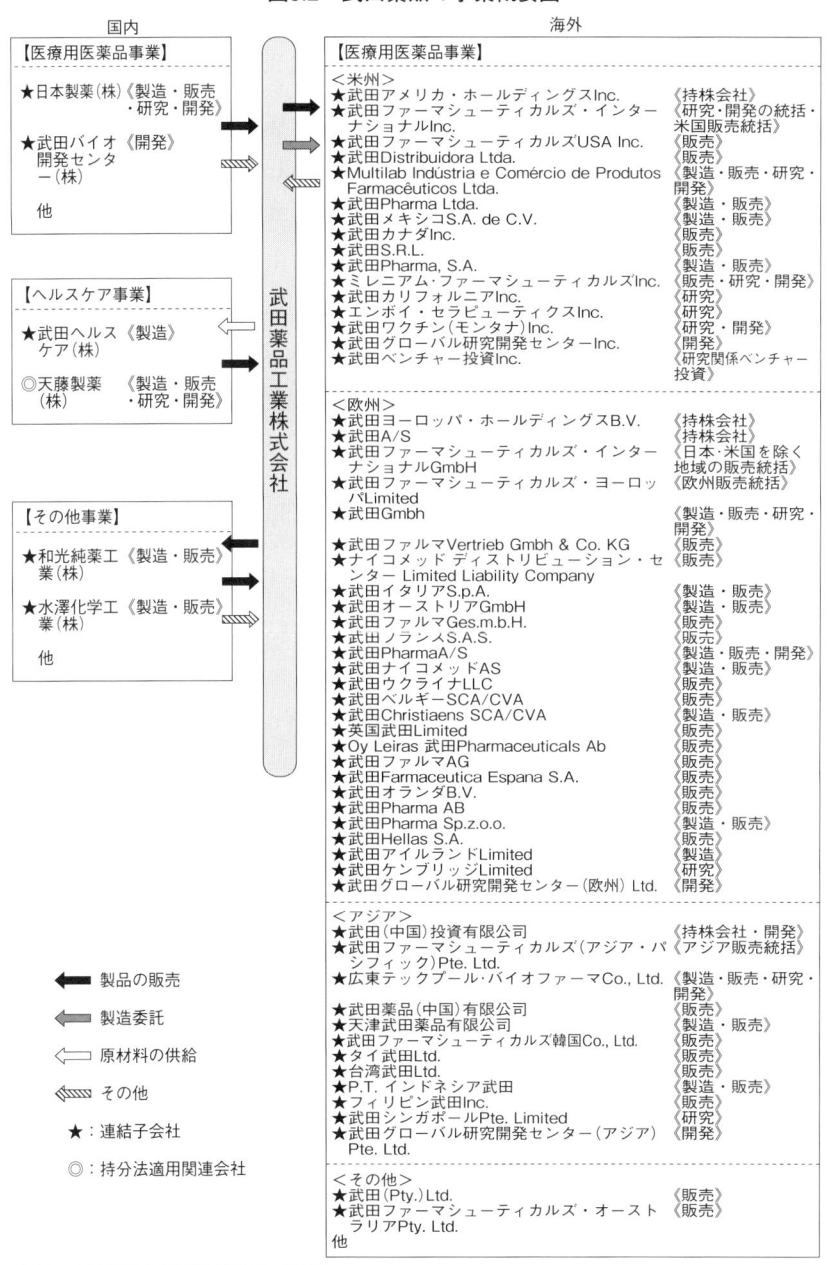

出所：武田薬品有価証券報告書（2013）。

アム・ファーマシューティカルズInc.が同社グループにおける当該領域の中核として，研究・開発・販売を行っている[4]。

　武田薬品は，2013年3月期には，1,557,267百万円の連結売上高となっており，事業セグメント別に見ると，医療用医薬品事業が約9割程度を占めている（図5.3）。なお，「医療用医薬品事業」は医療用医薬品の製造・販売，「ヘルスケア事業」は，一般用医薬品，医薬部外品を製造・販売，「その他事業」は，試薬，臨床検査薬，化成品の製造・販売等を事業として位置づけている。

　また，地域的なセグメント情報を見ると，米国が牽引し，海外での売上高比率が5割を超えている（図5.3）。また，直近，武田薬品はアジアでの本格展開に向け，インドで現地企業との提携の可能性の検討に着手しており，今後の戦略強化が予想されている。

5.3.3 「M&A取組み前」既存技術での事業展開：自前研究開発でのブロックバスターモデル

a) 研究開発力に基づく新薬創出

　武田薬品は1980年代後半から1990年代に低分子合成による大型製品を上市させた。1989年に前立腺癌薬の「リュープリン」，1991年に抗潰瘍剤の「タケプロン」，1997年に降圧剤の「ブロプレス」，1999年には経口糖尿病治療薬の「アクトス」をそれぞれ上市し，これらの製品は世界的な大型製品になった[5]。

　この成功を支える要因として，研究開発力が挙げられる。武田薬品の研究部門では，伝統的に「新しい発見を重視し，他の人ではできないことをするという先取りの精神がある」といわれている。そのため，難易度が高い画期的な新薬（First in Class）の研究開発に取組む風土が培われていた[6]。中でも，研究者に紐づく技術の蓄積であるとされるところが大きく，研究者の勘と職人芸が「強み」である，という認識が強かった。武田國男会長は当時を下記のように回顧している[7]。

　「当時，欧米系の大手製薬企業が，多額の投資によりコンピュータシミュレーションを駆使し，新薬候補探索の高度な定型化に取組んでいた。しかし，

図5.3　武田薬品の事業別・地域セグメント別の売上構成比

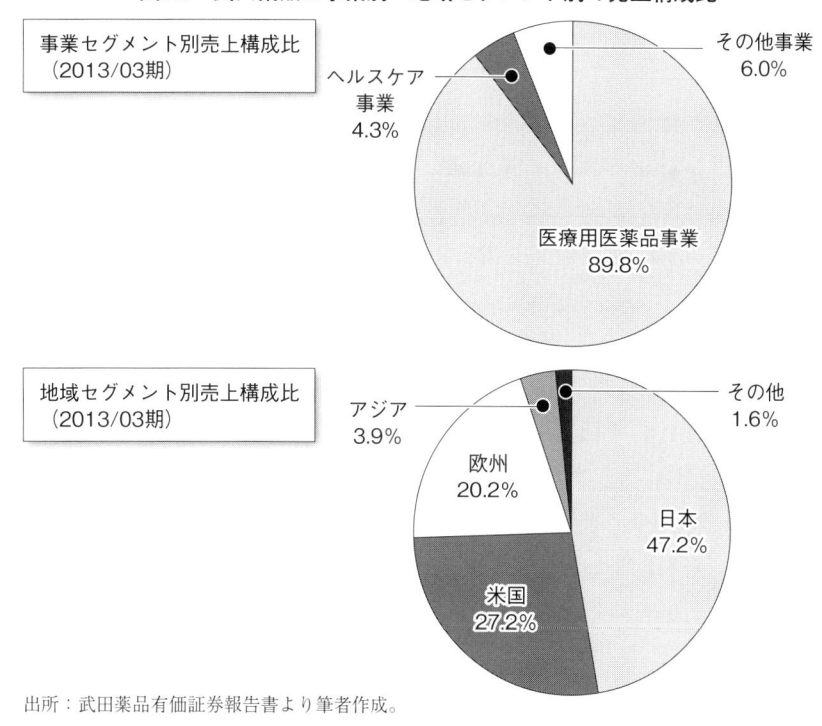

出所：武田薬品有価証券報告書より筆者作成。

武田薬品では，薬理学などの分野で，この"雰囲気の合成物"は，癌に効きそうだとか，副作用が出そう，だとか研究者が喧々諤々やりながら，薬の候補をみつけていく。そういう職人芸の勘の鋭さを持った研究者を継続的に育成していった。」

　このように技術を持った研究者の活性化が最も重要という認識のもと，処遇や育成を行った。研究組織については，ゲノムの分野で第一人者であった藤野雅彦副社長（当時）が担うなど専門性にあわせた明確な役割分担も功を奏した。くわえて，新薬候補物質の「go or no-go」の意思決定を行う取締役においても風通しをよくすることを掲げていたため，見え聞こえてくることが多く，このことが大型製品を上市に導く「go or no-go」の意思決定能力を

高めることにも繋がったといわれている（桑嶋, 2006）。

　このことで, 武田薬品は国内系製薬企業において, いち早く外資系企業から技術導入などによらず, 自社の研究開発力に基づき新薬を創出することができる企業となった。自社開発品として創出した新薬は利幅が大きく, その利益を活用して国内で強力な販売網を構築した。こうして武田薬品は, 自前での研究開発戦略の実行と, それを可能とする研究開発能力の向上と強力な販売体制確立による, 売上高拡大とR&D費の獲得というサイクルを構築したのである。

b) 国際戦略製品のブロックバスター化

　武田薬品は1980年代後半から海外での売上高を大きく伸長させた。それは, 国際戦略製品と位置づけられた4製品である, 前立腺癌薬の「リュープリン」, 抗潰瘍剤の「タケプロン」, 降圧剤の「ブロプレス」, 経口糖尿病治療薬の「アクトス」をそれぞれ上市し, これらの製品が世界的に成功をおさめたことが大きな要因である。この躍進のタイミングで武田薬品の経営トップに就任したのが, 創業家出身の武田國男前社長（1993年就任, 2003年会長就任）である。

　國男氏は, 社長就任前には, 米国合弁会社に社長として派遣され, 武田薬品の米国本格進出に際して上市する製品として, 当初の予定であった抗生物質ではなく前立腺癌治療薬を社内の反対を押し切って投入したという。これが功を奏し武田薬品の米国事業が成長軌道に乗った。なお, 当時既に抗生物質製剤は米国国内では価格競争が進み成熟から衰退期に差し掛かっており, 抗生物質を上市しても採算が取れる見込みはほとんどなかったことが後に明らかになった。この判断は, 経営者としての判断力を表す逸話となっている。

　また, この時に海外で武田薬品とは比較にならない位に大規模な欧米の製薬企業の活動を目の当たりにすることで感じた強い危機感が, 後に國男氏をして武田薬品の改革実行に進ませることとなったといわれる。國男氏は, 社長就任後, 上記4つの大型製品を国際戦略製品と位置づけ, グローバル化を本格的に強化した。これらの4つの製品は, いずれも「ブロックバスター」と呼ばれるまでに成長した。

c) 販売提携による海外展開

　武田薬品はどのように国際戦略製品をグローバル化に導いたのだろうか。

　製薬企業が海外市場に進出する際には，進出形態を選択する必要がある。大きく分けて，「ライセンスアウト」，「共同販売」，「自社販売」の３つの形態である。「ライセンスアウト」すれば，自社による開発費の負担とリスクがなくなる。ライセンス先企業により開発が成功し，製品が上市されればロイヤリティ収入を獲得できるため，最もリスクが少なく収益を得る方法である。「共同販売」では，海外に自ら拠点を持って事業を行うため，先行投資が必要となるが，成功した場合の獲得収益はより大きくなる。また，海外事業上で必要となるノウハウや製品を拡販する上での提携先企業の販売力，ブランド力などが事業の成功を高めるということも期待できる。「自社販売」は先行投資の負担が大きく，成功した場合の利益も最も大きくなるハイリスク・ハイリターン型の参入モデルである（図5.4）。

　武田薬品は自社開発品としては，降圧薬「ブロプレス」がライセンス導出先のアストラゼネカ（英国）から欧州で1997年に上市され，2000年代半ばには欧米で約1,500億円の売上高を記録した。「リュープリン」，「タケプロン」，「ブロプレス」といずれも1,000億円を超える売上高を記録したが，ライセンスアウトや共同販売を介しての海外展開であったため利益の大部分を協業先が得るという状況が続いた。

　その経験を踏まえ，国際戦略品の４品目めに位置づけた糖尿病治療薬「アクトス」については，米国に全額出資の医薬品販売会社である武田ファーマシューティカルズ・ノース・アメリカ（以降TPNA）を設立し，自社主導の販売に踏み切った。販売当初は糖尿病領域に強みを持つイーライリリー（米国）とのコプロモーションであったが，2006年からは自社単独での販売を確立した（図5.5）。TPNAでは，「アクトス」にくわえて，2006年から不眠症治療薬「ロゼレム」を上市し，自社単独での販売を実現できるようになった。

　販売提携の提携先選定については，その疾患領域で強い販売力を持つ製薬企業と販売提携することを意図していたことが示唆される。

図5.4 海外進出の形態と収益モデル

図5.4 海外進出の形態と収益モデル

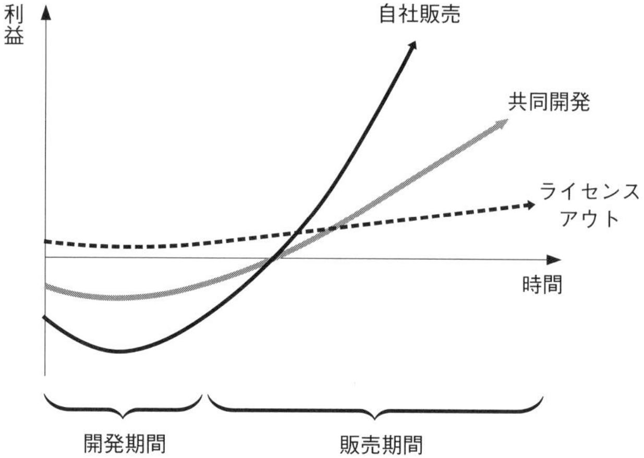

出所：漆原（2007）より筆者作成。

d）ブロックバスターモデルを取り巻く環境変化による課題

2003年に，武田國男氏の後継者として，海外経験豊富な長谷川閑史氏が社長職を継いだ。長谷川氏は，1986年からアボット・ラボラトリーズとの合弁会社であるドイツ・タケダ社長，1988年からタケダ・ヨーロッパ社長をつとめた後，1989年からTAPファーマスーティカル・プロダクツ（米国・シカゴ）副社長，1993年12月から同社長をつとめたという海外経験を持っている。長谷川氏の就任当時，武田薬品は海外売上高が4割にも達しており，同社の中長期的な目標として，「世界の70〜80％の国で武田薬品の製品が手に入る」ということを掲げていた。自前成長への自信を深めていった。

しかし，グローバル化への「選択と集中」は，日本国内市場に比べるとハイリスク・ハイリターンとなる可能性が高い。新薬が特許で保護される期間は20〜25年程度で，上市以降は10年程度であり，この期間を過ぎるとジェネリック医薬品（以下GE）の販売が可能になる。日本国内は新薬の特許期間満了後のGEへの切り替えは比較的緩やかであるが，米国では特許が切れれば即座にGEへの切り替えが進み，新薬の売上高は1〜2割に激減するといわれている。

武田薬品は，大型製品が特許切れを迎える「2010年問題」を目前にした，

図5.5 海外進出の形態と収益モデルにおける各製品の位置付け

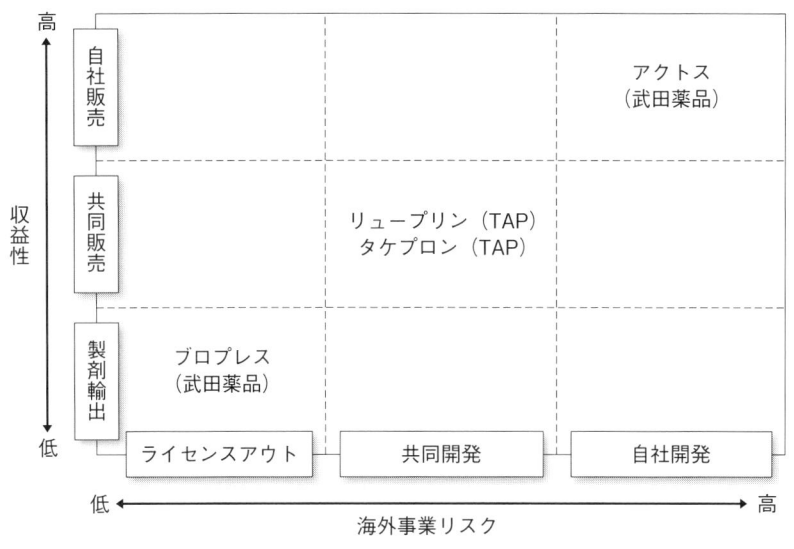

出所：漆原（2007）より筆者作成。

2009年3期当時，連結売上高1兆5,600億円のうちの約65％がブロックバスターと呼ばれる4製品で占めていた（アクトス：3,900億円，タケプロン：2,680億円，ブロプレス：2,340億円，リュープリン：1,240億円）。そのうち，タケプロンは2009年，アクトスは2011年，ブロプレスは2012年に特許が切れ，これらの製品が米国市場を中心に売上高を築いていたことが大きなリスクとなった。

業界を取り巻く外部環境要因としては，既存治療薬の有効性が向上し，画期的な新薬の開発余地が少なくなったことや世界的な医療費高騰化に伴い，各国での医薬品承認認可当局の基準が厳しくなった，等が挙げられる。くわえて武田薬品においても，有力製品化が見込まれていた開発品の中止やFDAの審査延期という事態が相次いだのである。高コレステロール血症治療薬「TAK-475」の開発中止[9]や「SYR-322」の承認延期[10]などは，ブロックバスターの後継品として，期待度が高い新薬開発品であったため影響が大きかった。

また，企業内部の要因として，武田薬品の研究部門は，これまで自前での製品創出に自信を持っていた。そのことが，低分子合成へのこだわりとバイ

オ医薬品へ技術シフトする対応の遅れを招いてしまった。また，この時期に「リーマンショック」と主力製品の特許切れによる「2010年問題」が生じ，さらにそれを補うような新薬がなかなか生みだせなかったことも重なり，武田薬品は株式市場で厳しい評価をきかされるようになった。この時期の武田薬品の課題は，大きくは次の3つであったと考えられる。第1に，海外市場での売上高が，ジェネリック医薬品の影響を受けやすい米国市場に偏重傾向にあったことである。第2に，特許切れを迎える国際戦略品4製品への売上高と収益性の依存度が高かったことである。第3に，バイオ技術への対応の遅れと市場成長が見込まれる癌疾患領域等のパイプラインが脆弱であったことである。

5.4　M&Aによる新規技術への対応にむけた戦略

5.4.1　技術変化への対応のためのM&A戦略

　これまでグローバル化を推し進めてきた武田薬品が直面した課題への対応として，長谷川閑史氏が戦略の柱に掲げたのがM&Aである。

　新薬研究開発が難しくなるなか，既存大型製品の特許切れ問題が深刻さを増した。前述の「2010年問題」は武田薬品固有の問題ではなく，世界の大手製薬企業が抱える厳しい局面であった。このような環境下で，医薬品産業では「時間を買う」ために，既に大型製品の保有や新薬候補を保有している企業へのM&Aが活発になっていった。代表的な事例として，ファイザー（米国）は6兆8,000億円でワイス（米国）を買収，メルク（米国）は4兆1,000億円でシェリング・プラウ（米国）を買収した。また，第一三共やサノフィ（フランス）は，ジェネリック企業を買収して事業セグメントを拡張し，新薬開発のリスク分散を図るとともに，成長が見込まれる新興国への販路拡大を目指している。

　武田薬品も2005年以降，次々と海外製薬企業の買収を進めてきており，2008年2月にはバイオ医薬品メーカーであるアムジェン（米国）の日本法人を約900億円で買収し，「武田バイオ開発センター」と社名を変更した。[11]

　また，2009年4月には，ミレニアム・ファーマシューティカルズ（米国）

を買収した。買収総額は約8,800億円で，国内製薬企業による買収では過去最大といわれた（2008年当時）。[12] さらに，武田薬品は2011年10月には，非上場会社であるナイコメッド（スイス）を約1兆5,000億円で買収した。苦しい状況のなか2011年10月時点で1兆7,000億円という潤沢な手元流動資金を活かし，スイスの製薬企業ナイコメッド社を買収するという攻めに転じた。

その結果，事業展開地域は当初の28ヶ国から約70ヶ国へと飛躍的に拡大した。武田薬品が強みを持つ日本国内および米国の事業にくわえて，ナイコメッド社が自社販路を有する欧州と成長を続ける新興国の事業基盤が加わったことで，これにより降圧剤の「イダービ」や逆流性食道炎治療剤「デクスラント」，経口糖尿病治療薬の「ネシーナ」などの新製品群の販売可能地域を拡大することができた。これにより，主要製品の特許切れに伴う売上減少を補った。また，2012年以降は，開発パイプラインおよび技術基盤の獲得を中心とした買収に取組んでいる（表5.4）。

5.4.2　事例分析のフレームワークの提示

武田薬品の取組から何を読み取ることができるか。以降では，武田薬品のM&Aの一連のプロセスについて探索的に分析する。分析に際して，フレームワークを提示する（図5.6）。本稿の目的である日本の製薬企業のM&Aについて一連のプロセスを検討する上で，前述のHelfat *et al.*（2007）による「買収機会の選択」，「対象企業の識別」，「買収後の再配置」という3つの主要な要素による買収のダイナミック・ケイパビリティ（ABDC：Acquisition-Based Dynamic Capabilities）に関するフレームワークは事例分析に有用な視点を提示してくれる。このフレームワークを用いて，買収という手段を「選択」し，対象を「識別」してから交渉を進めるまでの買収成立前のプロセスと「再配置」という買収成立後プロセスまでの検討プロセスの流れとあわせて，各々の段階での資源の評価，獲得，移転など，資源面に関する考慮すべき要素の分析が可能となる。

5.4.3　武田薬品のM&A事例

以降では，前述のHelfat *et al.*（2007）の買収のダイナミック・ケイパビリテ

表5.4　武田薬品が実施した主要な買収一覧

買収時期	被買収企業	買収金額	買収目的
2005年2月	シリックス（米国）	280億円	特殊研究技術・ツール
2007年3月	パラダイムセラピューティック（英国）	非公表	遺伝子組み換え基盤技術獲得
2008年2月	アムジェン日本法人（米国）	約900億円	バイオ医薬品のパイプライン獲得
2008年4月	ミレニアム・ファーマシューティカル（米国）	約8,800億円	①癌と炎症領域のパイプライン獲得 ②ヒトゲノムの包括的・統合的な科学技術プラットフォームの獲得
2009年5月	IDMファーマ（米国）	約52億円	非転移性骨肉腫治療薬の欧州販売権の獲得
2011年5月	ナイコメッド（スイス）	約1兆1,000億円	①欧州・新興国の事業基盤の獲得 ②開発力・販売力の強化
2011年12月	インテリキン（米国）	一時金約2億ドル＋マイルストン最大1億2,000万ドル	①開発中の抗癌剤の獲得 ②創製技術の獲得
2012年4月	URLファーマ（米国）	8億ドル	痛風薬Colcrys売上高4億3,000万ドルの取得
2012年10月	リゴサイト（米国）	一時金約6,000万ドル＋マイルストン	①ノロウィルスに対するワクチンの獲得 ②ウィルス様粒子技術の獲得
2012年11月	エンボイ（米国）	1億4,000万ドル	①遺伝子工学と分子生物学の組み合わせ技術の獲得 ②精神疾患領域のパイプラインの獲得
2013年5月	Inviragen（米国）	一時金3,500万ドル＋マイルストン最大2億1,500万ドル	①デング熱ワクチンの獲得 ②ワクチンの基盤技術の獲得 ③シンガポールの開発拠点獲得

出所：各種公表資料をもとに筆者作成。

ィに関するフレームワークを用いて，武田薬品のM&Aについて分析を行う。

a)【選択】

　武田薬品のM&A戦略には，どのような狙いがあったのであろうか。長谷川閑史氏は，武田薬品は，「自前成長」が基本戦略であり，M&A戦略は足り

ないものを補うという意味の「Gap Filling」であるとしている。[13]

「足りないものとは，例えば，市場占有率，パイプライン，自社研究開発力，必要基盤技術，生産能力，人材などである。このような環境変化への対応が必要と認識するまで，武田薬品にとってM&Aは射程外であった。武田薬品では，M&A戦略に取り掛かるにあたり，いかに成功確率を高めるか，について調査研究を重ねた。その内容は，これまでの日本企業のM&A事例，例えば，In-Out型（日本企業による海外企業のM&A），In-In型，Out-In型の買収事例など，さまざまなものである。この結果，特にIn-Out型の買収ではGap Fillingの成功確率の方が高いという結論に至った。Gap Filling以外には外資系製薬企業のようにコストシナジーを狙うやり方もあるが，そのM&Aは日本の企業には適さない，そこまではやりきれない，と判断した。」

このようにして，「相手が保有しているが，武田薬品が持っていないものを

図5.6　買収のダイナミック・ケイパビリティのフレームワーク

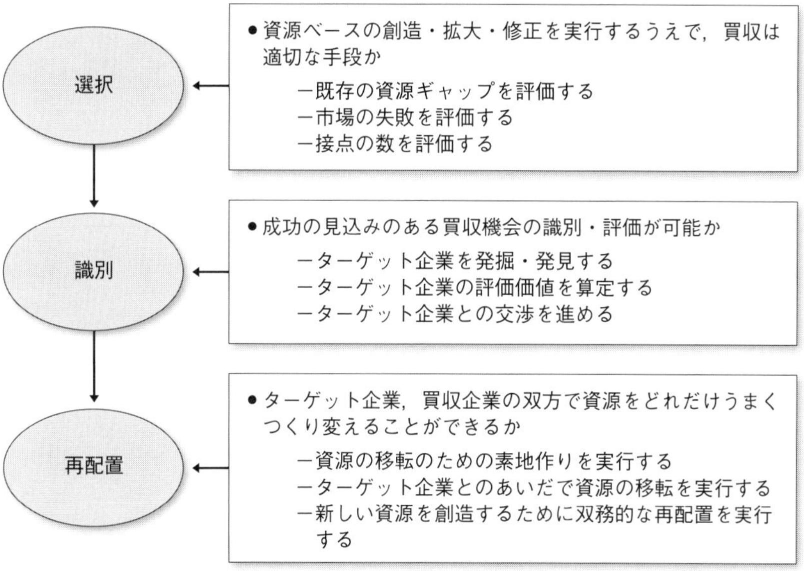

出所：Helfat *et al.*（2007）より引用の上，筆者加筆。

活用することでWin-Winの関係を構築する。」というGap FillingをM&Aの基本方針に定めた。

　武田薬品は，外資系大手企業とは一線を画し，小さいM&Aで経験を積み，規模の大きいM&Aに備えたのである。その背景には，あくまでも「自前主義」を貫こうとしたことが窺える。

b）【識別】

　武田薬品は，230年を超える歴史の中，以前は同族企業の合併統合はあったものの，本格的なM&Aの経験はなかった。

　そこで，足りないものを補うことを基本方針に，小さい案件に取組み，M&Aの経験を積み重ねることから始めた。手始めに2005年に「シリックス社」というサンディエゴの特殊研究技術・ツールを持った企業を約280億円で買収した。次の「パラダイム社」は英国ケンブリッジにある特殊なモデル動物をつくる能力を持つ会社で2007年に買収した。これらの小型買収を実施することで，買収とその後のポスト・マージャー・インテグレーション（買収後統合）を自分達の身をもって経験した。

　次に，ニーズが高く，これからの市場成長が見込まれるバイオ医薬品や癌領域でプレゼンスを持たなくては，世界の成長に対応できないと判断した。しかし，武田薬品のこれまでの技術領域，成功分野とは大きく異なっていたため，バイオ医薬品や癌領域を得意技術領域としている企業を買収する他になかった。

　そこで，2008年2月にはバイオメーカーであるアムジェン（米国）の日本法人を約900億円で買収し，これにより，癌や炎症などの領域で主に抗体医薬品の開発を進める取組みを本格化した。アムジェンは1980年創業であるが，バイオ医薬品の売上高で世界第11位の地位を占める最大手である。武田薬品は，このM&Aでアムジェン日本法人からバイオ医薬品を中心に13にも亘るパイプラインを手に入れることができた。しかし一方で必ずしも万事狙いどおりという状況ではなかったことも窺える。

　当時，アムジェン日本法人のトップマネジメントであったD氏から，

「武田薬品はバイオのパイプラインが無くて焦っていたのではないか。パイプラインを埋めるためのGap Fillingだったといえる。当時外資系金融が450億程度でBitしていた。そこに武田薬品は900億と2倍の金額で買収した。バイオシーズのバスケットを手に入れることはできたが，NPVを見ていないかのような行動と感じた。最終的には長谷川社長の一声で決まった。アムジェン側にとっては，条件の良いディールであった。海外での開発パイプラインの共同研究費用も分担することも売却条件として武田薬品に飲んでもらった。」

という内容をインタビューで聞くことができた。このコメントからパイプラインのGapを埋めるためのバイオシーズ獲得には成功したものの，想定していた以上のプレミアムを支払った可能性も窺える。

さらに武田薬品のM&Aは加速をみせた。2009年にはボストン郊外のケンブリッジにある「ミレニアム社」を約9,000億円で買収した。

ミレニアム社は1993年の創立であるが，癌治療薬の研究開発にほぼ特化しており，「多発性骨髄癌」の治療薬を米大手のジョンソン・エンド・ジョンソンと共同開発した実績を持つ。個人の遺伝子の違いに応じて薬の作用を変え，副作用などを大幅に抑えるテーラーメード医療の技術も保有している。従業員は約1,000人で武田薬品が持っていない研究開発販売の能力を有していた。[14] そのため，この買収ではリストラは一切必要がなかった。

当時，武田薬品には，まだグローバルBD（ビジネス・ディベロップメント）チームがなく，買収交渉も長谷川社長自らが行った。長谷川社長は当時の一連の交渉を次のように回顧している。[15]

「買収が成立したときにミレニアムのCEOと話し，買収した後にキープしなければならないMust to Retainの人材は何人かと聞いた。すると，1割の約100人位であると言った。そこで彼女（CEO）のゴールとして，2年間はその100人のうち9割以上はRetainをしてくれと頼み実現してもらった。当然，リテンション・ボーナスも出した。買収前と変わらないように自由に活動してもらうと同時に，武田の研究所から出てきた癌シーズの評価，

ふるい分けの判断もミレニアムにやってもらうことを約束して，実際にやってもらった。日本側の研究者はプライドが高く，ミレニアム側が自分達の研究したシーズを判断し，ふるい分けすることに納得しなかった。そこで，ミレニアム社の意思決定方式を開示してもらい，サイエンティフィックなディスカッションを行った。その結果，当該領域ではミレニアムが優れている，ということに納得してもらった。」

その後，武田薬品は本体で研究開発していた抗癌剤をミレニアム社に移管もしており，武田薬品における「癌専門会社」として位置づけている。買収したシリックスもミレニアムの研究本部長に，癌研究グループと湘南にある武田薬品の研究所の癌研究グループを直接マネジメントしてもらい，癌研究能力の向上を図っている。

2013年現在においても，癌領域で大型新薬の上市という成果が出ていないため，外部市場から厳しい評価にさらされることもあるが，自社の製品力を高め，あくまで「自前主義」に拘るという買収であったと位置づけている。

次に武田薬品が行った大規模なM&Aは「ナイコメッド社」であった。2011年に約1兆1,000億円で買収した，スイスの非上場会社のナイコメッドは新薬候補が業界で話題になることはなく，日本では名前もほとんど知られていなかった。世界でも売上高は30位前後に位置づけられており，GE医薬品も主要な収入源としている企業のため，明らかにアムジェン日本法人，ミレニアム社の買収とは狙いが異なるものであった。

では，このM&Aの狙いは何であったのであろうか。それは成長する新興国での販路獲得である。ナイコメッドは東欧，ロシア，中南米などで主な収益を上げている。一方，当時武田薬品は売上高の約9割を日本と米国で上げており，新興国への進出が出遅れ気味であった。「2010年問題」による売上高の減少を大型新薬で埋めることができなかったため，その対応策としても，ナイコメッドの持つ販路を通じて，自社の既存の主力製品を新興国で販売する戦略を選んだのである。これまでの買収経験が活きた案件として，長谷川社長は次のようにコメントしている。

「新興国でプレゼンスと事業の成功体験を持ち，かつ買収可能な企業をスクリーニングし，ターゲットに定まったのが，ナイコメッドだった。当時，同社を保有していたのは3つの投資ファンドで，当然各社とも異なるエグジット戦略をもっていた。モチベーションの異なる3社を合意させるのは大変苦労したが，当該案件は成立できると考えて取組んだ。」

2005年の初期経験から一連の買収を重ねたことで成立できる買収案件を識別する能力が向上したことが窺える案件といえる。

c) 【再配置】

武田薬品は，度重なるM&Aによる急速なグローバル化への対応のためにガバナンス体制を整える取組みも行っている。2009年には，「コーポレートガバナンス体制の強化」，「社外アドバイザーの医薬品業界におけるリーダーとしての知識・経験を経営に活かす」ことを目的に，タケダ・グローバル・アドバイザー・ボード（TGAB）を設置している（図5.7）。

その内容は，「医薬品産業を取り巻く環境が急激に変化している中，当社の経営幹部と社外アドバイザーが，革新的な医療技術へのアプローチを含む経営上の様々な課題に関する意見交換を行い，そこで得られる価値あるガイダンスを当社の経営戦略に反映する」というものである[16]。メンバーは，欧米系の大手製薬企業のトップマネジメントの経験を有する4名の外国人社外アドバイザーから構成される（2012年10月時点）。

これらの取組みからも，武田薬品のM&Aを介したグローバル化への姿勢が窺える。また，買収先の企業のマネジメントを外国人社外アドバイザーに依頼して，買収企業のPMI（Post Merger Integration）の断行を引き受けてもらうなど，その知見と経験を最大限に活かすような取組みも実行している。また，TGABから得られたガイダンスの一つとして，重要なポジションには日本人，外国人を問わず，グローバルスタンダードな人材を配置することがある。2011年のナイコメッドの買収では，買収後に武田薬品と被買収先の従業員が重なる欧州で数千人の人員削減が必要であった。この難しい仕事を，社外取締役としてTGABに所属していた元外資系製薬企業の経営層経験者がナ

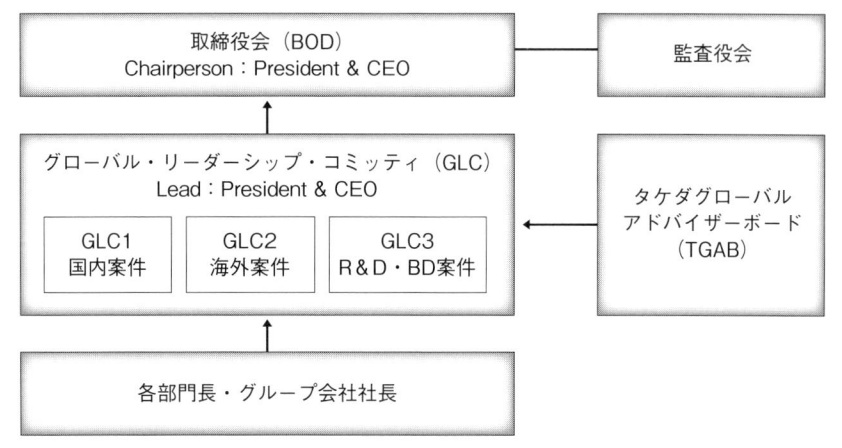

図5.7　武田薬品の意思決定の仕組みと「TGAB」の位置付け

出所：「タケダの革新への挑戦とコーポレートガバナンス」『監査役全国会議資料』2012年10月4日より作成。

イコメッドのトップに就任し，断行をした。

5.4.4　M&A戦略の成果と課題

a）M&Aによる成果

　ここまで，フレームワークに沿って，武田薬品のM&A戦略を概観した。武田薬品が2000年代半ばからM&Aに踏み切り，実行してきた一連のM&A戦略を介して得られた成果は以下のように考えられる。

　第1に，シリックス，アムジェン日本法人，ミレニアムなどの買収により，不足するバイオシーズ，癌領域のパイプラインや人材を補完，拡張することができたことである。実際に，現在開発中のパイプラインの半数以上は買収や技術提携を介して獲得したものである（表5.5）。

　第2に，ナイコメッドの買収により，自社大型製品の特許切れに伴う売上減少を補う売上高を一時的にでも確保できたことである。この買収の結果，世界の医薬品市場での売上高順位を16位から12位まで向上させることができた。

　第3に，ナイコメッドが主戦場とする欧州および新興国の販路を獲得したことである。これまで武田薬品は国内市場および北米に売上が偏重していたため，これを是正する足掛かりを得ることができた。

第4に，一連のM&Aで獲得した，癌とバイオ医薬品に関する研究技術，ノウハウ，目利き能力などである。また，ミレニアムの買収で入手したパイプラインから上市した製品も出始めている。開発の時間は要するが，今後も獲得したバイオ医薬品が上市し始めていくと考えられる[17]。エーザイのフェローであるF氏から，

「武田薬品はバイオのパイプラインと組織能力を纏めて獲得した。そこが巧みだった。エーザイも遅まきながらバイオベンチャーの買収に取組んだが，単発感がある。ある程度纏まった規模で実施しないと，獲得しきったことにはならないと感じる。武田薬品が有望な企業の買収をしてしまったので，買収対象として狙える企業も少ないのもある。そういう意味でも先行者利得があるのでないか。」

という見解をインタビューで聴くことができた。

第5に，M&Aにより獲得できたグローバル感覚と世界的な水準でのオープンなマインドセットの醸成である。今後は，バイオや先端技術を対象としたOIが国内外で進展するものと考える。武田薬品の研究所でOI業務を担当するG氏から，

「M&Aで得られたもので大きいのは，新技術に関するノウハウや資源は当然として，グローバルの感覚とマインドセットである。欧米のオープン・イノベーションを目の当たりにして，意識が変わった。これはM&Aを実施したことで得られたものであると認識している。」

というコメントをインタビューで聞くことができた。

b）M&Aによる外部資源獲得による課題（副作用）

一方で一連のM&Aは成果のみではなく，いくつかの課題も含んでいる。

第1に，パイプラインからの上市製品が計画通りに創出されないリスクである。外部から獲得した技術にはノウハウが少ない。そのため期待される新

表5.5 武田薬品の研究開発パイプライン（2013年4月時点）

開発番号 製品名	一般名	適応症・薬効	ATC 分類	
SYR-322 ネシーナ	安息香酸アログリプチン alogliptin benzoate	2型糖尿病	A10N	
リオベル		アクトスとの合剤	A10N	
-		メトホルミンとの合剤		
TAK-375 日：ロゼレム 米：Rozerem	ラメルテオン ramelteon	原発性不眠症	N05B	
TAK-375SL		舌下錠		
TAK-390MR 米，カナダ： Dexilant	デクスランソプラゾール dexlansoprazole	逆流性食道炎の治療および非びらん 性食道炎	A02B	
TAK-491 イダービ	アジルサルタン・メドキソミル azilsartan medoxomil	高血圧症		
イダーバクロー		クロルタリドンとの併用		
TAK-536	アジルサルタン azilsartan	高血圧症	C09C	
		高血圧症 （ベシル酸アムロジピンとの合剤）	C09D	
AF377002 Omontys	ペギネサタイド peginesatide	腎性貧血	B03C	
		癌性貧血		
Contrave	塩酸ナルトレキソン徐放製剤 と塩酸ブプロピオン徐放製剤 の合剤 <naltrexoneSR/ bupropionSR>	肥満症		
Revestive	teduglutide	短腸性症候群		
SGN-35	ブレンツキシマブ・ベドチン brentuximab vedotin	再発・難治性のホジキンリンパ腫	L01X	
		再発・難治性の全身性未分化大細胞 リンパ腫	L01X	
		再発性皮膚T細胞性リンパ腫		
		自己幹細胞移植後のホジキンリンパ 腫		
		ホジキンリンパ腫 （ファーストライン）		
		全身性未分化大細胞リンパ腫 （ファーストライン）		
TAK-085 Omacor	omega-3-acidethylesters90	トリグリセリン血症	C10A	
フェラヘメ Feraheme	フェルモキシトール ferumoxytol	鉄欠乏性貧血		

作用機序	オリジン	開発段階（年，共同開発）			
		日本	米国	欧州	アジア
DPP-4阻害	自社 (Pharmaceutical Product Development, Syrrx)	発売 (10/06)	申請中 (07/12)	PhⅢ	申請中
		承認 (11/07)	申請中 (08/09)	PhⅢ	-
		-	申請中 (11/07)	PhⅢ	-
メラトニンMT$_1$/ MT$_2$受容体アゴニスト	自社	発売 (10/07)	発売 (05/09)	中止	
		-	PhⅡ	-	
プロトンポンプ阻害	自社	PhⅡ	発売 (09/02)	申請中 (12/03)	
AⅡ受容体拮抗	自社	-	発売 (11/08)	承認 (11/12)	
		-	発売 (12/02)	PhⅢ	
AⅡ受容体拮抗	自社	承認 (12/01)	-	-	
		PhⅢ	-	-	-
エリスロポエチン受容体作動	アフィマックス Affymax	PhⅢ→ 導出活動	承認 (12/03)	申請中 (12/02)	
		-	PhⅠ→中止	PhⅠ→中止	
オピオイドμ受容体拮抗とドーパミン/ノルアドレナリン再取り込み阻害	オレキシジェン・セラピューティクス Orexigen Therapeutics	-	申請中 (10/03)		
GLP-2誘導体	NPS			申請中 (11/03)	
抗CD30モノクローナル抗体	シアトルジェネティクス Seattle Genetics	PhⅠ/Ⅱ	-	申請中 (11/05)	
		PhⅠ/Ⅱ		申請中 (11/05)	
		-		PhⅢ	
		-		PhⅢ	
		-		PhⅠ	
		-		PhⅠ	
オメガ-3-酸エチルエステル	プロノバ Pronova	申請中 (11/09)	発売 (プロノバ)	発売 (プロノバ)	
	AMAG Pharmaceuticals	-	発売 (AMAG)	申請中 (10/06)	

開発番号 製品名	一般名	適応症・薬効	ATC 分類	
SNT-MC17 Sovrima	イデベノン idebenone	フリードライヒ失調症		
		デュシェンヌ型筋ジストロフィー		
AMG706	motesanib diphosphate	進行性非扁平上皮型 非小細胞肺癌	L04X	
Lu AA21004	-	大うつ病	N06A	
		全般性不安障害		
ATL-962	setilistat	抗肥満・肥満性糖尿病	A08A	
MLN0002	vedolizumab	潰瘍性大腸炎	A07E	
		クローン病	A07E	
TAK-700	-	前立腺癌	L02B	
AMG386	-	再発卵巣癌	L01X	
AMG479	ganitumab	転移性膵癌	L01X	
SM-13496 米：Latuda	塩酸ルラシドン lurasidone hydrocholoride	総合失調症	N05A	
		双極性障害うつ		
TAK-875	-	糖尿病	A10C	
SYR-472	-	2型糖尿病	A10N	
MLN8237	-	再発・難治性の末梢性T細胞性リンパ腫		
		進行性非ホジキンリンパ腫，急性骨髄性白血病，ハイリスクの骨髄異形成症候群，卵巣癌		
		進行性癌	L01X	
TAK-816	-	Hib感染症予防	J07A	

注：表中の色掛けは「外部企業のオリジンシーズ」を示す。なお，「適応追加・剤型追加」は未表記。

作用機序	オリジン	開発段階（年，共同開発）			
		日本	米国	欧州	アジア
ミトコンドリア標的抗酸化	自社	-	-	再申請検討中（Santhera社，07/08）	-
		-	-	PhⅢ	
血管内皮増殖因子，血小板由来増殖因子受容体，幹細胞因子受容体阻害	アムジェンAmgen	PhⅢ	開発中止http://www.takeda.co.jp/research/files/パイプライン_20130204_jp.pdf	開発中止http://www.takeda.co.jp/research/files/パイプライン_20130204_jp.pdf	-
セロトニン受容体調整	ルンドベックLundbeck	PhⅢ	PhⅢ	PhⅡ（ルンドベック）	
			PhⅢ		
膵リパーゼ阻害	ノルギンNorgine	PhⅢ（08/12）	-	PhⅢ（アリザイム）	
α4β7インテグリン阻害	Millennium	PhⅠ	PhⅢ	PhⅢ	
			PhⅢ	PhⅢ	
17，20-リアーゼ阻害	自社	PhⅢ	PhⅢ（10/11）	PhⅢ	
アンジオポエチン阻害ペプチボディ	アムジェン	PhⅢ			
ヒト型抗IGF-1Rモノクローナル抗体	アムジェン	PhⅢ			
5-HT₂，HT₇，D₂受容体拮抗	大日本住友製薬	PhⅢ（大日本住友製薬）	発売（大日本住友製薬，11/02）	PhⅢ	PhⅢ（大日本住友製薬）
		-	PhⅢ（大日本住友製薬）	PhⅢ	
GPR40作動（グルコース依存性インスリン分泌促進）	自社	PhⅢ	PhⅢ	PhⅢ	
DPP-4阻害	自社（Pharmaceutical Product Development, Syrrx）	PhⅢ	PhⅢ	PhⅢ	
オーロラAキナーゼ阻害	Millennium		PhⅢ	PhⅢ	
		-	PhⅡ	PhⅡ	
		PhⅠ	-	-	-
Hibワクチン	ノバルティス	PhⅢ	-	-	-

出所：各種公表資料および国際商業出版『製薬企業の実態と中期展望（各年)』をもとに筆者作成。

薬が相次いで開発中止になるリスクは拭えないだろう。このことに繋がる根本的な課題として，外部資源の活用から内部資源への融合がある。かつてのような自前での強い研究開発力の再構築が課題として残っている。また，ナイコメッド買収でグローバルに販路を確保したものの，そこで販売する「製品」が出てこない限り，「面」も活かせないのである。

第2に，収益性低下の可能性である（図5.8）。現在，度重なる買収により潤沢な手元流動資金が底を尽きた状態の上，ナイコメッドの買収による「のれん」の償却，ナイコメッドが抱えていた負債の処理が響いている。くわえて，ナイコメッドの事業形態は主にジェネリック医薬品販売である。ジェネリック事業は，武田薬品が主事業とする新薬の販売とは異なり，相対的に利益率が低い。ナイコメッドの売上高構成比が大きくなることは，武田薬品全体の利益率を押し下げることが考えられる。

第3には，ガバナンスの問題である。具体的にはグローバル経営に耐え得るマネジメント力の不足である。約1兆円を投じて，ナイコメッドを買収したものの販路などを活かしきれず，次期経営者に初の外国人社長を起用することが報じられ，長谷川社長の発言には，「力不足であった」というコメント[19]もあった。[20]

第4に，人材の流出である。M&Aの副作用，典型的な問題点として組織コンフリクトが挙げられる。これが武田薬品にも見られたのである。社内側に生じたコンフリクトとして，グローバル化を推し進める裏側で，2012年には，将来の社長候補と目され社内の人望も厚いといわれていた，研究開発統括職をつとめる大川滋紀取締役（当時）が退職した。

大川氏は研究開発トップの立場から追いやられ，その代わりに研究開発の統括職に就任したのは，外資系大手製薬企業のグラクソスミスクライン（以降GSK）出身者である。大川氏は社内での居場所を失い，退職を選んだ。また，2013年には「基礎研究所の管理職ポストを2割削減する」という人事削減が実行された。この退職募集は公にはされず，研究部門の多数の管理職を対象としたものであった。大川氏の退職を追うかのように研究部門の管理職が続々と退職した。このことにより，武田薬品が従来強みとしてきた，自前での低分子合成技術の研究開発力が陰る可能性が考えられる。

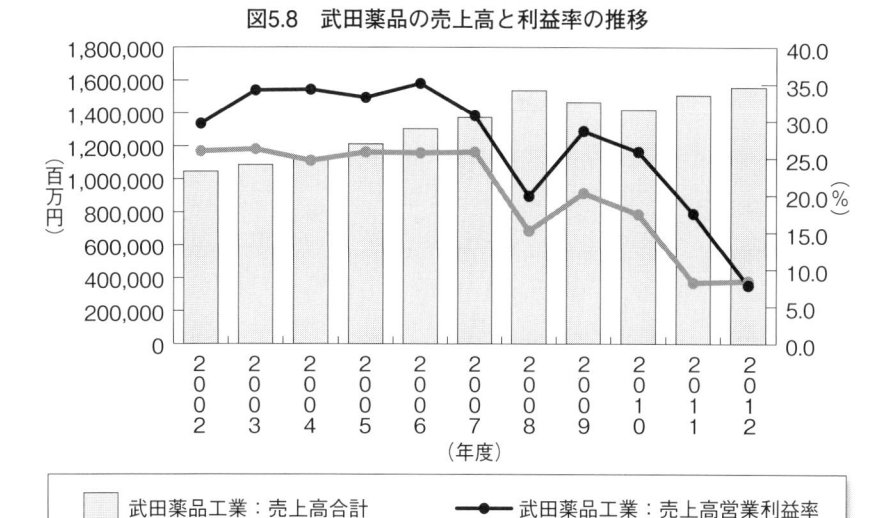

図5.8　武田薬品の売上高と利益率の推移

出所：有価証券報告書より筆者作成。

　また，人材流出は社内生え抜き社員だけではない。買収したミレニアム社のCEOをつとめるデボラ・ダンサイア氏も2013年に武田薬品を退職した。ミレニアムは武田薬品にノウハウが乏しい癌やバイオ医薬品の研究開発経験やノウハウを有し，買収後，癌やバイオの研究開発はミレニアムが統括していた。しかし2013年，業績が好転しないため，経費削減目標を掲げた組織変革に着手し，ミレニアム主体での癌やバイオの研究開発を行う体制を取りやめた。デボラ氏も立場を失い退職し，早々に自分のバイオベンチャーを立ち上げたのである。ここでもミレニアムの主要メンバーが武田薬品をあとにした。[21]

　デボラ氏を始めとするミレニアム社の主要メンバーの実力に一目置く，武田薬品の日本人社員も少なくないといわれている。従来の武田薬品にはない知見，ノウハウを有しており，日本の研究者が学ぶことが多かったためである。さらに人材流出は続く。2015年6月24日，取締役のフランソワ・ロジェ最高財務責任者（CFO）が26日付で退任することが発表された。[22] ロジェ氏は2013年9月2日に武田薬品初のグローバルCFOとして入社し，同社の財務部門をグローバルに統合するという重要な職務を担っていた。武田薬品のH

氏から，

　「このように研究部門，財務部門の主要メンバーの相次ぐ退職と，公募退職
　ではない形式での人事削減の実行などが重なり，社内にはモチベーション
　低下と不信感が生じているようにも感じる。」
というコメントを聞いた。

　このコメントをさらに考察する意味合いも含めて，自前主義を掲げていた
武田國男氏が代表および会長をつとめていた2001年から2007年と，一連の
M&Aを実行した長谷川閑史氏が代表および会長をつとめる2008年から2014
年を比較する視点で，役員の推移を見てみる（表5.6）。

　武田國男氏が社長を退き会長に就任した2002年には，前会長の藤野氏と数
名の役員が退任している。ただし，2002年以降は武田國男会長のもと，長谷
川閑史氏が社長をつとめる構図が続く2007年まで，役員の大きな入れ替えは
見られない。一方，武田國男会長が退任した2008年以降では徐々に動きが見
られ始める。2010年には，次期社長候補と目されていた大川滋紀氏が役員を
退任し，フランク・モリッヒ氏が役員に就任した。そのモリッヒ氏も2012年
で退任した。また，買収先であるミレミアム社の元CEOのデボラ・ダンサイ
ア氏も2011年に役員に就任したが，同年で退任している。2013年には長谷川
閑史氏が会長となり，クリストフ・ウェバー氏が，230年続く武田薬品の歴
史上で初の外国人CEOとして就任した。長谷川閑史氏が代表をつとめて以降
は，武田國男氏時代の「自前・生え抜き主義」とは大きく様変わりしている
ことが窺える。

　図5.9は武田薬品とエーザイの従業員平均勤続年数・平均年齢の推移を比較
したものである。エーザイは，武田薬品を始めアステラス製薬や第一三共と
いった国内大手製薬の中では唯一，大規模なM&Aや水平統合的なM&Aを
行っておらず自前主義，純血主義を貫いている。エーザイの従業員平均勤続
年数・平均年齢を見ると2001年からの2014年までの間，ほぼ変動なく推移
している。次に武田薬品を見ると2001年から2004年まではエーザイより勤
続平均年数が長かった。しかし，一連の「M&A」に関する取組みを加速し
た2005年以降急速に勤続平均年数が短くなっている。このことから，先に見

表5.6　武田薬品の役員の推移表

年度	2001	2002	2003	2004	2005	2006	2007
会長	藤野政彦 (退)	武田國男 (再)	武田國男 (再)	武田國男 (再)	武田國男 (再)	武田國男 (再)	武田國男 (退)
社長	武田國男	長谷川閑史 (再)	長谷川閑史 (再)	長谷川閑史 (再)	長谷川閑史 (再)	長谷川閑史 (再)	長谷川閑史 (再)
副社長	長澤秀行 (退)	中村省三 (再)	中村省三 (退)	-	-	-	-
取締役	八代光夫 (退) 中村省三 奈良井佳洋 (退) 荒木敏幸 (退) 長谷川閑史 秋元浩 隅野靖弘 (退) 濱中康彦 (退) 山岡眞 北澤清	秋元浩 (再) 山岡眞 (再) 北澤清 (再) 左右田隆 (再) 榛葉洋 (再) 吉田豊次 (再)	秋元浩 (再) 山岡眞 (再) 北澤清 (再) 左右田隆 (再) 榛葉洋 (再) 吉田豊次 (再)	秋元浩 (再) 山岡眞 (再) 北澤清 (再) 左右田隆 (再) 榛葉洋 (再) 吉田豊次 (再)	秋元浩 (再) 山岡眞 (再) 北澤清 (再) 左右田隆 (再) 榛葉洋 (再) 吉田豊次 (再)	秋元浩 (再) 山岡眞 (再) 北澤清 (再) 左右田隆 (退) 榛葉洋 (再) 山中康彦 (再)	秋元浩 (退) 山岡眞 (退) 北澤清 (退) 榛葉洋 (退) 山中康彦 (再) 大川滋紀 (初)

年度	2008	2009	2010	2011	2012	2013	2014
会長	-	-	-	-	-	-	-
社長	長谷川閑史 (再)	長谷川閑史 (再)	長谷川閑史 (再)	長谷川閑史 (再)	長谷川閑史 (再)	長谷川閑史 (再)	長谷川閑史 (再)
副社長	-	-	-	-	-	-	-
取締役	山岡眞 (再) 吉田豊次 (再) 山中康彦 (再) 大川滋紀 (再) フランソワ・マックジー (初・退)	山岡眞 (退) 吉田豊次 (再) 山中康彦 (再) 大川滋紀 (再)	吉田豊次 (再) 山中康彦 (再) 大川滋紀 (退) フランク・モリッヒ (初) 山田忠孝 (初) 數土文夫 (初) 小島順彦 (初)	吉田豊次 (退) 山中康彦 (再) フランク・モリッヒ (再) 山田忠孝 (再) 岩崎眞人 (初) デボラ・ダンサイア (初・退) 數土文夫 (再) 小島順彦	山中康彦 (再) フランク・モリッヒ (退) 山田忠孝 (再) 岩崎眞人 (再) 本田信司 (初) 數土文夫 (再) 小島順彦 (再)	クリストフ・ウェバー (初) 本田信司 (再) 山中康彦 (退) 山田忠孝 (退) 岩崎眞人 (再) フランソワ・ロジェ (初・退) 數土文夫 (再) 小島順彦 (再) 坂根正弘 (初)	クリストフ・ウェバー (再) 本田信司 (再) 岩崎眞人 (再) アンドリュー・プランプ (初) 數土文夫 (再) 小島順彦 (再) 坂根正弘 (再)

注：表中の（再）は再任，（退）は退任，（初）は初就任．（初・退）は初就任年度で退任を示す。
出所：各年の有価証券報告書をもとに筆者作成。

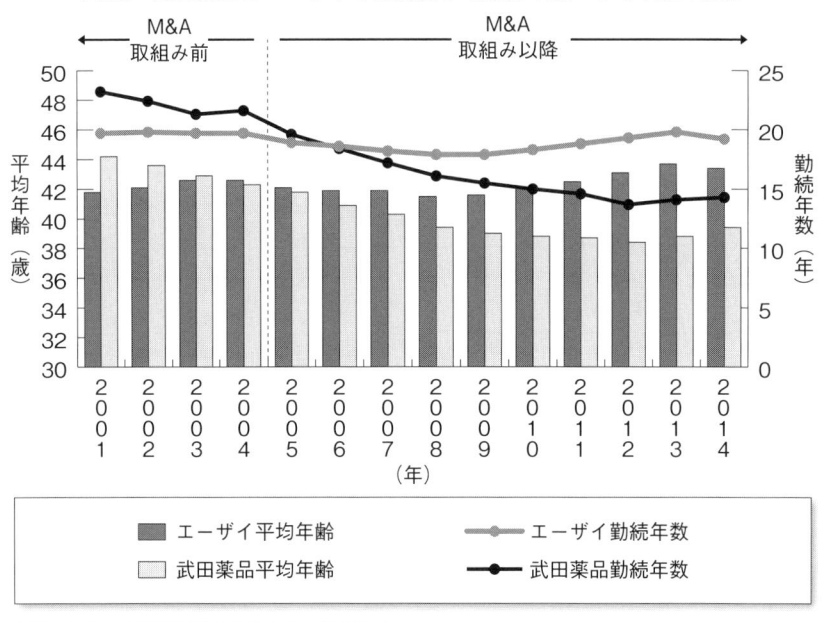

図5.9　武田薬品とエーザイの従業員平均勤続年数・平均年齢の推移

出所：各年の有価証券報告書をもとに筆者作成。

た「M&A」による「副作用」としての人材流出が見られることが示唆され，「M&A取組み前」と「取組み以降」では，様変わりしていることが窺える。

　この理由として，先のG氏のコメントやいくつかの情報からも考察されるように，① 社内組織のコンフリクトや主要な人材の流出によるモチベーションの低下に伴うもの，② 買収先の主要な人材の流出に伴う学習機会喪失による社内人材のモチベーションの低下に伴うもの，が考えられる。

　様々な角度から武田薬品の一連のM&Aを見ると，その成果と課題が見えてきた。長谷川閑史氏のもとに実施した一連のM&Aは，足元の売上高，開発パイプライン，各国の販路拡張においては目に見える形で成果獲得に寄与したといえる。

　しかし，その反動（副作用）として，従来武田薬品が目指していた「自前」での研究開発パフォーマンスの低下，財務状況の悪化，人材の流出や従業員のモチベーション低下を引き起こしている。

　以降では，武田薬品が近年，進めているもう一つの外部資源活用戦略であるOIについての取組み状況を見ていくことにする。

5.5　新技術獲得のためのオープン・イノベーション戦略

5.5.1　オープン・イノベーションへの取組み

a）R&Dとオープン・イノベーションへの着手

　武田薬品はM&Aと並行してR&DやOIも進めている。武田薬品においては，R&D費は2,819億円，その売上高比率は18.7％と過去にないほどに多大な投資を行っている（図5.10）これは画期的な新薬のR&Dを急いでいるためである。[23] R&D費を見ても，国内第2位に位置するアステラス製薬と比べて大きく，かつ研究者1人当たりの研究費も1億円以上と，基礎研究を重要視していることが窺える。

　国内においても京都大学を中心に研究機関と継続的な共同研究にも取組んでいる。しかし，長谷川社長による10年間で，新たなブロックバスターは誕生していない。そこで，長谷川社長は，従来武田薬品が研究開発の強みとした低分子合成技術に固執する体質から抜け出すための研究開発体制の改革を打ち出している。

　改革の象徴は，2010年10月に医薬開発本部長に，英国カーディフ大学教授，GSKの研究所部長を経て武田薬品に入社した外国人を登用し，外国人が研究本部のトップとなる初めての試みとなった。

　また，2011年11月には，大阪市十三と茨城県つくば市にわかれていた基礎研究所を新たに竣工した湘南研究所に集約した。約1,300人の研究者が2つの研究所から1ヶ所に移動し，このとき研究体制も大きく変えた。薬理や低分子合成などのプロセスを軸とした従来の組織体制を見直し，代謝疾患，癌など疾患領域ごとに区分した5つの「ドラッグ・ディスカバリー・ユニット（DDU）」に組み替えた。この最大の狙いは創薬研究の生産性（成功確率）を引き上げることにあった。一つのユニットは，最も創薬研究の効率が良いとされる創薬ベンチャーと同規模の150〜200人の研究者で構成し，ユニット長

図5.10　武田薬品とアステラス製薬の研究開発費・研究開発体制

	武田薬品工業	アステラス製薬
注力領域	代謝性・循環器系疾患，癌，中枢神経系疾患，呼吸器・免疫系疾患，消化器・泌尿生殖器系疾患，ワクチン	泌尿器疾患，免疫疾患（移植を含む）および感染症，癌，精神・神経疾患，糖尿病合併症および腎疾患
研究開発費	2,819億円　売上高比率　18.7% 研究開発員1人当たり約1億6,600万円 参考）売上高1兆5,089億円， 経常利益2,703億円	1,898億円　売上高比率　19.6% 研究開発員1人当たり約9,000万円 参考）売上高9,694億円， 経常利益1,351億円
研究・開発人員	1,700名　うち研究本部約1,300名 開発本部約400名 （国内のみ）	2,100名　うち研究本部約1,100名 開発本部約1,000名 （国内300，海外700）

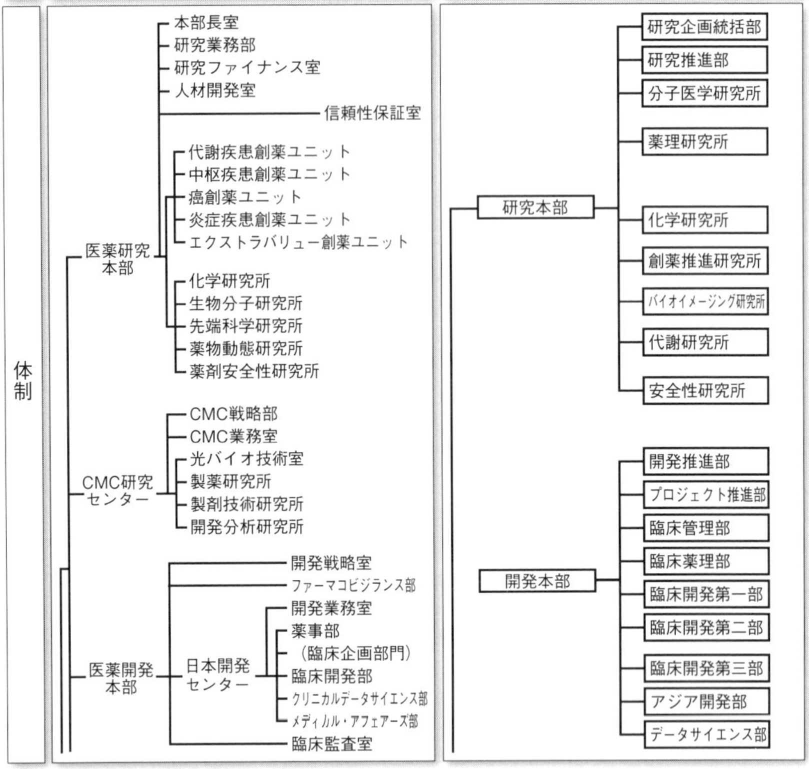

体制

武田薬品工業

- 本部長室
- 研究業務部
- 研究ファイナンス室
- 人材開発室
- 信頼性保証室

医薬研究本部
- 代謝疾患創薬ユニット
- 中枢疾患創薬ユニット
- 癌創薬ユニット
- 炎症疾患創薬ユニット
- エクストラバリュー創薬ユニット
- 化学研究所
- 生物分子研究所
- 先端科学研究所
- 薬物動態研究所
- 薬剤安全性研究所

CMC研究センター
- CMC戦略部
- CMC業務室
- 光バイオ技術室
- 製薬研究所
- 製剤技術研究所
- 開発分析研究所

医薬開発本部
- 開発戦略室
- ファーマコビジランス部
- 開発業務室

日本開発センター
- 薬事部
- （臨床企画部門）
- 臨床開発部
- クリニカルデータサイエンス部
- メディカル・アフェアーズ部
- 臨床監査室

アステラス製薬

研究本部
- 研究企画統括部
- 研究推進部
- 分子医学研究所
- 薬理研究所
- 化学研究所
- 創薬推進研究所
- バイオイメージング研究所
- 代謝研究所
- 安全性研究所

開発本部
- 開発推進部
- プロジェクト推進部
- 臨床管理部
- 臨床薬理部
- 臨床開発第一部
- 臨床開発第二部
- 臨床開発第三部
- アジア開発部
- データサイエンス部

出所：各社ホームページ，及びシードプランニング『2010-11年版　医薬品開発戦略調査　第1巻・第2巻』より筆者作成。

には予算配分や人事の決定権，外部から新薬候補物質をライセンスイン（導入）する権限を付与した。

さらに，武田薬品は自社の基礎研究体制の強化にくわえて，癌など5つ以上の疾病領域で新薬候補物質を外部から調達する考えを明らかにしている。開発費の高騰化など製薬企業の新薬開発の負担は増しており，武田薬品は有望な候補物質の外部調達を生活習慣病などに拡大するとともに，手元流動性を使って新薬候補パイプラインを拡充し，持続的な成長を目指すことに取組んできた。しかし，癌やバイオなどの不足技術については，技術提携を介して獲得する姿勢が窺えた。また，2011年からグローバル全体では，研究開発組織の中にNFSというチームが立ち上がった。このチームは大学やバイオベンチャー企業の技術の獲得を担っており，シーズ探索は，グローバルな取組みとして米国のシカゴ主導で行っている。技術提携やM&Aのプロセスは，そのディールの方針（何を資源として獲得するか等）を決めて，BDチームが探索・候補リスト化・提案する。その後，販路獲得の提携・M&Aならばセールス系の事業部門が主幹となり，シーズ獲得の提携・M&Aならば研究開発系の事業部門が主幹となるという手順で進めている。

b）昨今の武田薬品のオープン・イノベーション活発化の背景

武田薬品は一連のM&Aで癌やバイオ医薬品のパイプラインの獲得を進めた。しかし，先に見たように「M&A」においては，直接的な成果を得ることができたものの，その副作用（自前の研究開発能力の低下，財務体質悪化，人材流出など）が見られた。「M&A」が先行しつつも，並行して進められていた「OI」にはどのような取組みが見られるか。M&Aが一段ついた2013年以降では，バイオ技術を中心としたOIで取組みが活発化し始め，米国，英国，日本のベンチャーや大学と提携先は多岐に亘っている（表5.7）。これらの取組みは，どのような背景と意図で加速しているのか。実際に，武田薬品のG氏のインタビューによると，

「外部資源の活用は有効と考えてのことである。全てを自前主義で行うこと，垂直統合を行うことはできない。そのためOIを活用することになった。

ミレニアムのやり方を移植し，大きかったのは，マインドセットの変化である。また，マネジメントが変わり，そこが加速した。現在ではアカデミアやベンチャーとの共同研究は細かいものを入れると100を超えるOI案件が走っている。特に欧米のアカデミアが多い。公開されているものは一部と考えてもよい。京都大学との再生医療での共同研究もマネジメントの変化である。トップがクリストフ氏になって，あらためて日本市場・国内技術・日本の強みが見直される状況になっている。武田薬品は資金提供を行い，シーズ保有者は資金をもとに研究を進め，出口として多額の売却も見据えている。」

というコメントがきかれた。バイオや再生医療のような先端技術を中心にOIを進める意向が窺えた。

c) 低分子合成とバイオでのオープン・イノベーションの取組み

武田薬品は従来，既存技術である低分子合成技術に強みを有していた。一方で，昨今はバイオ技術を中心にOIを進めている。既存技術はOIの対象としていないのか。相違点も含めて分析を行う。

武田薬品においても2013年から公募型のOIを実施している。その特徴は，2つのプログラムを提供している点である。[24]

各々のプログラムの名称と特徴は次のようになる。1) Recruit Innovative Ideas to Generate Original Targets Takeda（RINGO-T）：応募してきたアッセイ系またはそのアイデアをもとに，武田薬品が化合物ライブラリーを用いたスクリーニング試験を実施し，その結果を応募者に報告する。2) Co-Create Knowledge for Pharma Innovation with Takeda（COCKPI-T）：武田薬品から提示する研究課題に基づいて，創薬ターゲット・創薬技術のアイデアを提案してもらう。武田薬品で研究費（および創薬関連技術）を提供し，それを用いて，アイデアの実現性の検証を研究者自身が進める，というものである（図5.11）。

武田薬品では，1) RINGO-Tは低分子合成を，2) COCKPI-Tはバイオなどの先端技術を対象に公募型のOIを進めているように見える。技術分野でOI

表5.7　武田薬品が実施した外部組織提携（OI）一覧

提携時期	被提携企業	提携形態	提携内容
2013年2月	Resolve社 （米国）	共同研究開発 契約	● 全身性エリテマトーデスの新薬候補物質を対象とした共同研究開発 ● 全世界を対象とした独占的開発・販売権を取得できるオプション契約
2013年9月	Arbor社 （米国）	開発・販売に 関する ライセンス契約	● 高血圧症治療剤の米国における開発・販売に関する独占的契約
2013年12月	Natrogen 社 （米国）	独占的 開発契約	● 潰瘍性大腸炎治療薬の新薬の全世界での独占的開発契約 ● Natrogen社買収のオプション権取得契約
2014年3月	Trianni社 （米国）	使用権 ライセンス契約	● モノクローナル抗体作製の基盤技術であるTrianniマウスの使用権を獲得
2014年5月	MacroGenics社 （米国）	開発・販売に 関する オプション 契約	● 新薬候補物質について，全世界での開発・販売に関するオプション契約
2014年9月	BioMotiv社 （米国）	投資契約	● 免疫・炎症および代謝性・循環器疾患領域のプログラムに関する独占的権利取得
2014年11月	GEヘルスケア （英国）	アライアンス 契約	● 肝疾患の診断・治療における肝線維化の診断技術に関するアライアンス契約
2014年12月	Monash大学 （豪州）	共同研究契約	● 消化器系疾患領域において，アンメットメディカルニーズの高い疾患に対する新薬の戦略的共同研究契約
2015年2月	クイーンメアリー 大学（英国）	共同研究契約	● 消化器疾患領域において，新薬を創出することを目的とした共同研究契約
2015年3月	ImmunoGen社 （米国）	技術の独占的 使用契約	● ADC技術の独占的使用権の保有契約
2015年4月	京都大学 iPS細胞研究所 （日本）	10年間の 共同研究契約	● iPS細胞技術の臨床応用に向けた共同研究契約
2015年4月	慶應義塾大学 および新潟大学 （日本）	共同研究契約	● 疾患関連RNA 結合タンパク質の探索と機能解析に関する共同研究契約

出所：各種公表資料をもとに筆者作成。

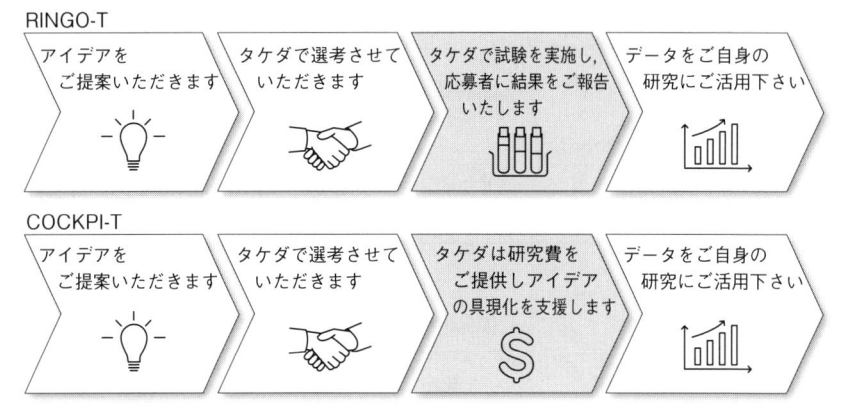

図5.11　武田薬品の公募型オープン・イノベーション

RINGO-T

| アイデアをご提案いただきます | タケダで選考させていただきます | タケダで試験を実施し，応募者に結果をご報告いたします | データをご自身の研究にご活用下さい |

COCKPI-T

| アイデアをご提案いただきます | タケダで選考させていただきます | タケダは研究費をご提供しアイデアの具現化を支援します | データをご自身の研究にご活用下さい |

出所：武田薬品ホームページ。

の取組みの背景や相違点は何か。G氏とのディスカッションにおいて，

「低分子合成では，大学より製薬企業内にノウハウがあった。低分子合成の技術においては，いくら大学に大規模なライブラリーを用意しても，製薬企業には及ばない。そのため，外部活用をする意味は，特に武田薬品にはなかった。提携をする際も一切の権利を武田薬品が保有することが前提だった。全てを刈り取りに走っていた。低分子合成での提携は，本当の意味でのOIではなかった。OIの定義は，単に外部資源を活用するだけではなく，提携先ともWin-Winの関係を築くことである。昨今，武田内部ではそのようにOIの定義やマインドセットが変わってきた。提携先との関係，お互いの立ち位置が良くなるものを目指している。それがバイオでのOIの活性化に繋がっているのではないか。バイオ技術は，アカデミアやベンチャーも製薬企業と遜色なく研究できる。よって，外部資源を活用する，頼る意義は大きい。アカデミアやベンチャーにも積極的に研究をやって頂いた方が良い。低分子合成ではいわゆる，スター研究者というのが存在した。「当たり屋」などという表現もあり，研究者人生で4〜5回新薬の探索に成功するような研究者もいた。バイオは，TNF-α，PD-1，ILなどの抗体系が出たが，その後の製品は，いずれもその技術の応用品・改良品で，低分子合成時代のようなスター研究者は

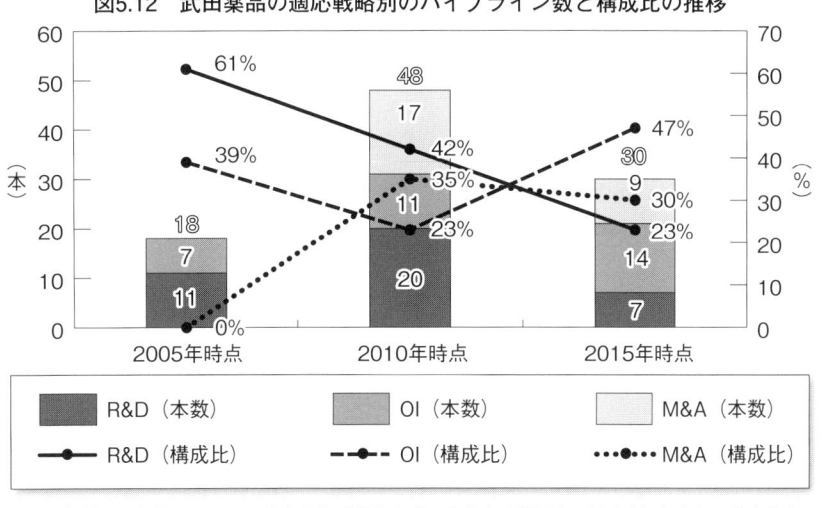

図5.12　武田薬品の適応戦略別のパイプライン数と構成比の推移

出所：各種公表資料および国際商業出版『製薬企業の実態と中期展望（各年）』をもとに筆者作成。

出てこないだろう。つまり，大学やアカデミアという外部組織も活用しつつ，内部も組織で取組みを進めるものだと認識している。もちろん，低分子合成分野も諦めたわけではない。武田薬品の強みでもある。」

というコメントがきかれた。低分子合成とバイオではOIで外部組織に期待する点や，研究者個人の能力に依拠するか，組織で対応するか，などに関する背景と相違点を窺うことができた。

　バイオ技術におけるOIは，シーズの価値や可能性に見合った資金を外部研究組織に提供することで，発展可能性のあるシーズを多数のポートフォリオとして組み込むことができる。

　またOIは，シーズとともに組織も内部に取り込むM&Aに比べると，成果獲得には時間を要するものの，M&Aの副作用として見られた「自前」でのR&Dパフォーマンスの低下，財務状況の悪化，人材流出やモチベーション低下などを回避できるという特徴が窺える。

　図5.12は，武田薬品の適応戦略別のパイプライン数と構成比の推移を3時点で見たものである。適応戦略である「R&D」「OI」「M&A」を見ると，バ

イオ技術への転換を図る端緒につき始めた2005年時点では自社資源蓄積である「R&D」がパイプライン構成比の約6割を占めていた。一方，2015年時点では構成比が2割程度まで低下している。先に見てきた2005年以降に取組んだ一連の「M&A」は2010年時点では構成比が3割強まで伸張した。ただし，2015年時点ではM&Aによる「本数」「構成比」も低下傾向にある。3時点を通して明確に「本数」が技術成果（パイプライン）として影響を示しているのが「OI」である。直近の2010年時点から2015年時点では「本数」「構成比」とも伸張している。このことからは「OI」という外部資源活用が「バイオパイプライン」という技術成果を獲得する上で有用な適応戦略であることが示唆される。

5.6　小括

5.6.1　本ケース分析が意味するところ

先行研究を踏まえ，武田薬品を事例に，既存技術である低分子合成を中心とした戦略行動と新技術であるバイオ医薬品への対応について見てきた。低分子合成では，武田薬品は自社での研究開発により画期的な新薬を創出し，販売提携を介してグローバル化を進め，ブロックバスターモデルを構築したことで成功を収めた。一方，その成功体験が新技術であるバイオ医薬品への対応が遅れることにも繋がった。

新技術であるバイオへの対応としてのM&A戦略や技術提携に関する内実を見てみると，外部資源を取り込みつつ，自身がハンドリング可能な戦略的行動を行う方針であることがわかる。

武田薬品の事例分析は，どのようなことを意味しているのか，ここで3つのポイントを考察しておきたい。一つめにはM&A実施前の既存技術における内部資源の活用・展開による躍進，2つめに新規技術下の外部資源の獲得による技術変化・環境変化への対応，3つめに外部資源の活用と内部資源への融合における課題，である。

第1に1980年代以降，武田薬品は他の国内製薬企業に先んじて，研究開発

能力を強化し，低分子合成での画期的な新薬を創出した。それを国内から海外に展開し，プロダクト・ライフサイクルを拡大し，創出した新薬の価値を最大限にした。これには，海外経験豊富な武田國男氏や，それを継いだ長谷川閑史社長の影響するところが大きかった。10年間の就任期間に積み重ねてきた武田國男氏の戦略や方針を速やかに引き継げるトップマネジメント人材が社内に存在しており，まさに適材であったといえる。引き継いだ長谷川氏も既に10年就任しており，その間方針にブレはないように見えた。従来技術である低分子合成においては，内部資源の活用・展開による躍進を遂げたといえる。「R&D」による研究開発組織能力の向上，新薬創出力を高め，「販売提携」を介しながら，自社製品の「国際展開」を進めていった。また，国際展開を進めるに際して，適任であるトップマネジメントという自社資源を遺憾なく活かすことで成功を収めたことが窺える。

　第2に，バイオ技術という技術変化への対応として，武田薬品は，他の国内製薬企業が国内企業間での水平統合を繰り返しているなか，海外製薬企業，海外ベンチャーを中心としたM&A戦略により不足資源・不足技術を補うための外部資源の獲得に踏み切った。変化に適合する能力を内部で構築・蓄積するのには時間を要するため，適した外部資源を取り込むことで環境変化への適合を図ったのである。新技術であるバイオ医薬品においては，潤沢な内部資金を活用し，「M&A」による研究開発パイプラインを獲得した。また，M&Aでグローバルな感覚とOIへのマインドセットを身につけ，バイオ技術のOI展開を進めている。

　第3に，武田薬品はM&A，販売，技術提携の活用という外部資源の獲得にくわえて，内部資源としての研究開発力の改革を図っており，低分子合成技術で築いたイノベーション戦略のあるべき姿である価値獲得と価値創造のサイクルの構築に再び取組んでいる。

　かつて，第二次大戦以降，武田薬医品を代表に日本の製薬企業は，外資系製薬企業から技術導入を行った。その後自社資源を蓄積し，1980年代には世界的に通用する大型製品を自前で創出するに至った。しかし，2000年代に入りバイオ技術での遅れを取り戻すため，バイオ技術を持つ外資系製薬企業，海外バイオベンチャーを対象にした積極的なM&Aを重ね，直接的な成果は獲

得できたものの，その反動（副作用）が見られている。そこで，近年，副作用の少ないOIによる技術導入を強化することで新技術への対応を図っている。低分子合成医薬品での成功をバイオ技術でも実現するためには，過去の成功体験からの脱却と外部資源活用戦略の重要性と難しさが示唆されている。

これまでの小括として，本ケースでのバイオ技術への反応型戦略としての，「R&D」「M&A」「OI」について，武田薬品の一連の取組みをもとに，各々の優位点と劣位点について整理した（表5.8）。R&Dは，売上高への即効性は期待できない。また多大なる投資は財務面にも影響を与える。また，成果に結びつかない場合には研究者の評価やモチベーションに負の影響を与えることが考えられる。ただし，図5.12の2005年時点にあるように連続技術においてはR&Dは有効性を示すという優位性がある。

M&Aは，直接的に必要資源を取り込むため，売上高の維持，拡張という目に見える成果に繋がりやすい一方，財務悪化リスクや買収した資産が計画通りに機能しないリスクが存在する。特に，買収による副作用として，目的の一つであったに被買収先企業のコア人材の退職や自社コア人材のモチベーション低下など，表面化しにくいものの，企業の競争力に影響する重要な要素に負の影響を与える可能性が高い。M&Aを実行する場合，この負の部分も織り込んだ上で，正の影響をもたらすか，十分に考慮する必要がある。また，OIはM&Aに比べると売上高，財務面へ与えるインパクトは小さく，そのため，経営的なインパクトは相対的に高いとはいえない。ただし，OI成立や新シーズにアクセスできる機会の多さ，契約ベースによる提携のため財務リスクの低さ，研究失敗リスクの低さ（提携解消しやすさ），外部組織からの学習効果が期待できる，など優れた点が多い。

5.6.2 次章への残された課題

前章の第4章では，43社の製薬企業を対象に複数時点の実証分析を行った。本章では単一企業事例ではあるがケース研究という方法を用いることで，「M&A」と「OI」を中心に時系列で確認し，比較分析と考察を行った。武田薬品は，1990年代から2000年代初頭まで「自前主義」「純血主義」により低分子合成での大型製品を創出していた。しかし，連続技術で研究領域余地の

表5.8　武田薬品の事例から整理されるR&D・M&A・OIの優位点と劣位点

	R&D	M&A	OI
優位点	＋ 2005年時点に見るように連続技術が継続している場合には有効性を示す（図5.12）	＋ M&Aを強化した2010年時点に見るように直接的に入手したいハードな資源（パイプラインそのもの，販路など）を獲得できる（図5.12） ＋ 企業規模（売上高）を拡張できる（図5.8） ＋ 即座にPMIに取組めばリストラによるコストメリットを享受できる	＋ 大規模なコストをかけずに継続的に多数の新規技術シーズにアクセスできる（図5.12） ＋ 内製化しないため技術成果が得られない場合には解消できる（図5.10） ＋ 外部組織と協働し，自社にない知識・ノウハウを学習することができる（学習効果）
劣位点	－ 多額の投資を要する（図5.10） － 成果獲得に時間を要し，その間自社内の位置づけや従業員のモチベーションも低下する	－ 財務状態が悪化する（図5.8） － ガバナンスが難しくなる － 被買収先企業のコア人材が退職する。また，自社内のモチベーションも低下し，退職者が増加する（図5.9）	－ 必ずしもシーズを直接的に内部に取り込むためではないため，成果が見えにくい － 自社が技術優位の場合，技術流出のリスクが存在する

枯渇，大型品の特許切れにくわえて非連続な技術であるバイオ技術への対応のために2005年から2013年までの間，小規模から着手し，大規模なM&Aを実施した。その結果，癌やバイオのパイプラインや新興国での販路という直接的かつ目に見える資産を獲得したが，その後はM&Aによる副作用が大きな反動として生じている。

　一方，これらと並行するように，2011年頃からはバイオや再生医療のような先端技術を対象に活発なOIを進めている。本章の事例から，非連続な技術変化に対応する外部資源活用戦略においては，M&Aは即効性を有し，外部獲得資源を内部吸収するための取組がなされるものの副作用も多く，主要な人材が流出するなど組織への蓄積が難しいことが明らかになった。

　このことから，「M&A」は，必ずしも非連続技術の吸収戦略において最良な戦略とはいい切れない可能性が窺えた。一方で，もう一つの外部資源活用戦略である「OI」は財務体質の悪化や人材流出などの副作用が少ないことは確認できたものの，成果獲得への組織学習メカニズムは明らかになっていな

い。

OIは第4章で用いた複数時点データでの実証分析では，技術成果に影響を与えていることが示された。国内製薬企業のOIの動向として2011年頃から，アステラス製薬や第一三共などの国内大手製薬企業も公募型OIに取組み始めている。[25]この頃を境にOIへの取組みが活発化し始めたことから推察すると，時間軸として2011年以降のデータを用いて，OIを分析することで，OIの効果，有効性の有無を確認できるものと考えて，第4章では実際に確認された。

また，本章では，OIは研究部門の裁量で実施されている部分も多いことが明らかにされた。また，実際に武田薬品では近年多数のOI件数を成立させている。このように，OIにおける具体的な学習メカニズムを明らかにするためには，実際の研究部門ではどのようなことが行われているのかを確認する必要がある。また，本章ではインタビューによると，OIにおいては，既存技術では「外部組織活用においても研究者個人の目利き能力」が重要であり，新規技術では「外部組織の活用は組織で取組みを進める」というように，技術により成功に繋がる要因が異なる可能性も示された。

そこで，次章では特に新規技術のバイオで重要と考えられる「組織能力の蓄積」と既存技術で重要と考えられる「研究者の能力蓄積」の視点も交えて，医薬品基礎研究所のチーム・研究者を対象にOIと技術成果のメカニズムに関する実証分析を試みる。また，本章の事例分析で示唆されたもう一つの外部活用戦略である「M&Aの累積」がもたらす既存の内部組織への負の影響についても実証分析で確認を行う。

〈注〉

1　A氏，B氏，C氏，D氏，E氏，F氏，G氏，H氏には，お忙しい中ご協力いただいたことに感謝する。なお，守秘義務により個人名は明らかにできない。本章の文責ならびに評価や分析はあくまでも筆者の責任に属するものである。また，本章の分析は，武田薬品の戦略の成否や戦略行動の成果を評価するものではない。以降の分析は，あくまでもここまでの検討や分析の枠組みを具体的な事例を通じて今一度考察を深めるための作業であることはお断りしておきたい。

2　本節は，武田薬品工業株式会社（1983）『武田薬品二百年史』，武田薬品webページ，および漆原（2007）『医薬品』を参考，基礎に構成している。

3　「リュープリン」の研究開発プロセスについては桑嶋・高橋（2001）を参照。

4　有価証券報告書より抜粋。

5　これらの国際戦略品の4製品はいずれも世界60ヶ国以上で販売されている。この国際戦略品の

4製品のうち，「リュープリン」に関しては低分子合成ではなく，第一世代のバイオ医薬品である。

6 欧米を中心に，ある薬効領域で最初に市場導入された画期的新薬のことを"First in Class"と呼び，First in Class ほどではないものの，既存薬に対して明確な優位性を持つ新薬を"Best in Class"と呼ぶ。ただし，いずれも統一的な定義が存在するわけではない。

7 「編集長インタビュー：武田國男」『週刊ダイヤモンド』2006年3月18日号より。

8 医薬品産業では，1製品で年間売上高10億ドルを超える製品を「ブロックバスター」と呼ぶことが多い。ただし，「ブロックバスター」には統一的な定義が存在するわけではない。

9 武田薬品ホームページ2008年3月28日。

10 武田薬品ホームページ2008年10月10日。

11 2013年8月1日の武田薬品ホームページによると，100％子会社である武田バイオ開発センターが担っていた国内における癌領域の臨床開発業務については，2014年4月以降，武田薬品工業本体の医薬開発本部が行うことになる。

12 『朝日新聞』2008年4月2日付け。

13 「M&Aを梃子にしたグローバル成長戦略」『経済同友会CFO懇話会資料』2012年6月5日より。

14 『日本経済新聞』2008年4月11日付け。

15 「特別講演：日本の課題・日本企業がとるべき戦略」『グローバル経営』2013年7/8月合併号より。

16 「タケダの革新への挑戦とコーポレートガバナンス」『監査役全国会議資料』2012年10月4日より。

17 武田薬品ホームページ2014年5月21日より。

18 『日本経済新聞』2013年12月1日付け。

19 『日本経済新聞』2014年1月10日付け。

20 「病める製薬 王者タケダの暗雲」『週刊ダイヤモンド』2014年6月28日号より。

21 武田薬品ホームページ2015年6月24日より。

22 2013年有価証券報告書より。

23 武田薬品ホームページ2015年6月20日より。

24 アステラス製薬研究本部では，2011年度からオープン・イノベーションの取組みのひとつとして研究公募サイトa3（エーキューブ）を展開している。

http://www.astellas.com/jp/a-cube/about/index.html

第一三共においても，2011年度からオープン・イノベーションの研究公募サイトTaNeDS（タネデス）を展開している。

http://www.daiichisankyo.co.jp/corporate/rd/taneds/result/index.html

6章

OIとM&Aの組織能力への影響：医薬品基礎研究者を対象とした実証分析

　前章の第5章では，武田薬品を事例にバイオに対応するための一連のM&Aとその後のOIへのシフトについて，時間の流れとともに分析を行った。前章の事例分析の結果，非連続的技術へ対応するイノベーション戦略として，「M&A」だけで対応することはできず，もう一つの外部資源活用戦略である「OI」は，中期的に見ると，新規技術の技術蓄積や組織的対応がしやすい可能性があることが示された。本章では一連の「M&A」を経て，近年，日本の製薬企業で活発化し始めている「OI」に焦点をあてて分析を行う。

　本章では，実際のOIを実施，運営する現場である，医薬品の基礎研究所の研究チーム，研究者を対象として，組織能力を前提とした技術蓄積の視点も含めて，「OI」の有用性を実証分析で確認する。また，基礎研究での「外部組織との連携（OI）の活発化」が「組織能力の蓄積」を高めるかを見ていく。特に，前章で示された可能性（仮説）として，新規技術であるバイオ医薬品について確認を行う。

　「OI」とは，外部との連携が内部と融合して成立する概念である。本章では，「外部組織連携」による「技術成果への直接的な影響」を見るのではなく，あくまで「基礎研究の組織能力の蓄積」や「研究者能力の蓄積」を介して，間接的に技術成果に繋がるか，分析を試みることで，OIの技術別での有用性の確認を行う。

　また，前々章，前章では，もう一つの外部資源活用戦略である「M&A」は

直接的な技術資源の獲得に繋がる一方，内部の組織能力を毀損する副作用を持つ可能性が示された。本章では，「OI」のメカニズムを明らかにすることを中心に据えつつ，「M&A」が内部の組織能力を毀損する可能性についても確認を試みる。

6.1　はじめに

　医薬品産業における研究開発の不確実性はますます高くなり，新薬を上市まで導くことが難しくなっている。これまで医薬品の基礎研究の進展は多数の画期的な新薬の創出をもたらしてきた。一方このことは逆に新しく画期的な化合物・成分を発見する余地が少なくなっていることを示唆している（中村洋，2009）。医薬品産業は多大な研究開発費を投じ，新薬を創出することで，大きな収益を生み出していくという特徴があることから，新薬の研究開発に成功した企業は特許に保護され，その期間は多大な利益を獲得することが実現できる（伊藤，2010）。

　そのため，医薬品産業の研究開発においては，特許保有による模倣困難性の構築が重要であるとされる（伊地知・小田切，2006）。基礎研究段階において，いかに自社内部資源を蓄積して技術的差別性を図り，臨床研究まで繋げるかという課題は，経営学研究における重要なテーマであると考えられる。新薬シーズを臨床研究に進めるための方法論は，大きく2つに分けることができる。一つは従来からの自社研究組織による新薬シーズの創出である。数々の実験データを積み重ねて新薬に繋げる化合物・成分を見つけ出す方法であり，いわゆる「自前主義」である。もう一つの方法は，アカデミアや学会等の外部研究機関との連携，バイオベンチャー等から有望なシーズを技術導入する「OI」である。後者の方法である技術提携活動も，近年ますますその重要性が高まっている。

　本章の構成は以下の通りである。次節では，概要仮説の提示と調査方法および取得データについて記述し，6.3節では，「OI」と「M&A」による組織学習メカニズムへの影響仮説の提示と検証的な実証分析を試みる。最後に6.4節

で，まとめと議論を行う。

6.2　調査方法とデータ

6.2.1　設定する仮説の概要

　前章での事例分析結果を踏まえて，本章では，「外部組織との提携（OI）が組織能力や研究者能力の蓄積を高め，技術成果に繋がる」という大きな仮説を設定する。そのため，類似した先行研究（延岡，2007）を参考にして「組織能力の蓄積」や「研究者能力」に関連する調査項目を作成し，探索的な因子分析を試みる。また，技術提携の外部組織には，「大学・ベンチャー連携親密性」を据える。非連続技術であるバイオ技術では，その主な連携先として「大学」「ベンチャー」が重要であるという報告がなされ，通説的になりつつある（Pisano, 2006）。

　また，もう一つの外部資源活用戦略である「M&A」は直接的な技術資源の獲得に繋がる一方，内部の組織能力を毀損する副作用を持つという仮説も設定する。

6.2.2　調査方法とデータ

a）アンケート調査

　医療用医薬品の新薬基礎研究所を有する製薬企業を対象に調査を実施した。データの収集は，基礎研究所の所長宛に調査協力可否の確認書面を郵送で送付し，協力可の場合には，回答協力可能な研究者数について返答を得た。その後，人数分の質問票を所長宛に郵送で送付し，研究所内で質問票を配布頂き，直接回答研究者から返送される，という手順で調査を実施した。

　調査実施期間は，2013年9月1日から10月15日までの1.5ヶ月間で，調査協力を打診した製薬企業は日本製薬工業協会会員の国内系製薬企業51社で協力快諾は12社から得られた。質問票は，12研究所で203研究者分を送付し，回答は170人の研究者から得られた（回収率83.7%）。協力が得られた基礎研究所別の調査票配布数と実際の回収数の詳細は表6.1のとおりである。

表6.1　調査協力研究所別の配布数と回収数

企業	配布数	回収数	回収率
A社	1	1	100.0%
B社	9	9	100.0%
C社	13	13	100.0%
D社	6	6	100.0%
E社	1	1	100.0%
F社	15	15	100.0%
G社	1	1	100.0%
H社	90	58	64.4%
I社	15	14	93.3%
J社	15	15	100.0%
K社	1	1	100.0%
L社	36	36	100.0%
合計	203	170	83.7%

図6.1　製薬企業全体と対象サンプルの従業員規模別による企業分布

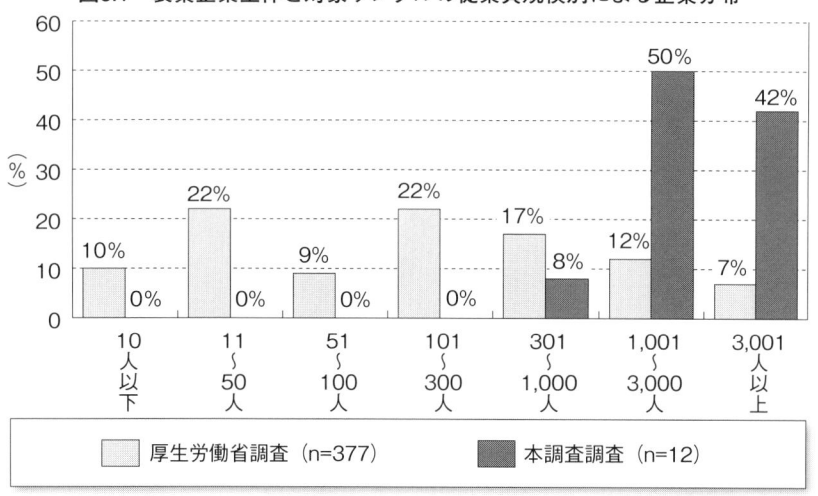

出所：厚生労働省（2010年）調査結果をもとに筆者作成。

　なお，成果変数の取得は先行する研究（浅川・中村，2005）を参考に実施している。[1]質問票回答者には，基礎研究業務の成果として，「貴職が，これまでに医薬品研究（探索段階）の業務でかかわった研究（化合物・物質探索等）で，その後，研究開発パイプライン入りしたか，さらには製品として上市さ

133

れるに至ったことがあるか。」についての回答をしてもらった[2]。このように，調査回答対象はあくまでOIに携わる現場の研究者を対象にして，OIと研究成果の関係性を確認する。なお，欠損がある回答サンプルを外れ値として除外した。その結果，分析の対象は164研究者となった。

　回答研究者には内部資源の蓄積として，「基礎研究を進める上で競合他社からの模倣を保護するための取組み」を11項目設定し，各取組みによる保護効果の強さを5段階のリッカート尺度で選択してもらった。11の取組み項目と回答スケールは，総合電機企業を対象に研究を行った延岡（2007）を参考に作成した。取組み項目は，「1.特許を保有している」，「2.領域での標準化の先導」，「3.他社より早い取組み」，「4.先端技術の保有」，「5.組織として蓄積したノウハウ」，「6.試行錯誤した経験値」，「7.専門領域で学習を積んだ研究者が多数」，「8.専門領域における研究者の問題解決能力の高さ」，「9.擦り合わせ組織能力が高いこと」，「10.独自開発した実験・合成方法・プロセスがあること」，「11.独自開発した研究設備・機器があること」である。これらの内部資源に関する質問項目は先行する研究として，延岡（2007）および安藤・上野（2013）を参考に取得している。

　また，回答研究者には社外の組織との連携（技術提携・共同研究等）の実施先を6組織設定し，各組織との「連係における親密性」を3件法[3]で回答してもらった。6つの組織と回答の選択肢は，製薬企業の研究開発を対象に調査を行った先行研究（元橋，2009）を参考に作成した。6つの社外連携先は，「1.共同事業，ベンチャー企業」，「2.大学あるいは高等教育機関」，「3.政府あるいは民間非営利研究機関」，「4.技術的な学会・協会等」，「5.競争相手および同産業内の他企業」，「6.コンサルティング企業」である。これらの外部組織連携に関する質問項目は先行する研究（元橋，2009）を参考に作成している。外部組織連携に関する取得データは上記のとおりであるが，本章では，設定した概要仮説に従って，非連続技術におけるOIについて，より焦点をあてるために，外部組織連携に関する対象組織を「1.共同事業，ベンチャー企業」，「2.大学あるいは高等教育機関」に絞って分析を行う。最初に，上記の内部資源の蓄積に関する仮説検証にかかわる項目を用いて確証的因子分析を行う。その後，内部資源の蓄積に関する抽出因子群，外部提携に関する変数と基礎

研究に関する取組みの成果変数である「関与化合物・成分の臨床研究パイプライン入りおよび上市」についてどのような影響を与えるか，共分散構造分析で確認する。なお成果変数である「技術成果」は，「1.臨床入りなし，2.臨床入りの見込みあり，3.臨床入りあり，4.上市あり」の4段階で成果を確認した。

b）インタビュー調査

インタビュー調査はアンケート調査に先立ち，研究成果につながるマネジメント要因の探索と基礎研究者向けの質問票作成を目的に行った。国内系製薬企業で基礎研究職の経験を経て，現在は私立大学薬学部にて教授職をつとめるA氏の協力のもと作成した。また，アンケート調査データ分析後，機会を見て回答研究者に適宜インタビューを行い，実証分析結果のリアリティーチェックを行った。つまり，同一の研究に対して，別の手法を用いて検討するトライアンギュレーション[4]を可能な限り試みた（Bryman, 1989）。

6.3 因子抽出と実証分析

6.3.1 基本統計量および相関係数行列

まず，基本統計量（表6.2）を見た。模倣保護に関する組織能力に関する6項目の取組みの中で，模倣からの保護効果の平均値が最も高いのは，「組織として長年蓄積してきたノウハウやスキルがある」で，次いで「組織の経験値」であった。社外組織との連携を見ると，「大学」，次いで「ベンチャー」との親密度が高かった。標準偏差はいずれも1.0から大きな乖離は見られなかった。

次に，各変数間の相関係数行列（表6.3）を見た。実証分析を試みる上で，問題となるような変数間での強い相関関係，多重共線性は見られなかった（VIFは最大で5以下）。

6.3.2 確証的因子分析の実施

a）模倣保護に関する因子分析による構成概念の確認

表6.2　基本統計量

	度数	最小値	最大値	平均値	標準偏差
研究成果		1	4	2.86	1.008
領域標準化		0	5	2.53	1.211
他社より先行		0	5	2.86	1.166
先端技術保有		1	5	2.63	1.203
組織としての蓄積	164	1	5	3.54	1.132
組織の経験値		1	5	3.34	1.184
専門研究者の多さ		1	5	2.96	1.129
ベンチャー親密性		0	3	1.40	1.227
大学親密性		0	3	1.73	1.082

表6.3　相関係数行列

	1	2	3	4	5	6	7	8	9	VIF
研究成果	1									
領域標準化	.157	1								1.90
他社より先行	.187	.540	1							1.95
先端技術保有	.225	.513	.523	1						2.16
組織蓄積	.131	.454	.452	.604	1					3.87
経験値	.101	.363	.465	.517	.813	1				4.26
専門研究者の多さ	.119	.468	.439	.514	.668	.711	1			2.99
ベンチャー親密性	-.079	.015	.155	.007	.138	.073	.011	1		1.34
大学親密性	.060	.201	.324	.149	.286	.250	.223	.452	1	1.47

　医薬品基礎研究での競合模倣保護に関する取組みについての6項目（5点尺度）を使い，確証的因子分析を行う。確認する因子は，「組織能力の蓄積」，「研究者能力の蓄積」に関する2つである。確認する因子に関する名称と構成する変数については，質問項目と構成概念を探索的に検討した延岡（2007）を参考に，安藤・上野（2013）が確認的な分析を行っている。

　本稿では，先行研究である安藤・上野（2013）で提示された因子名称と構成する質問項目に類するデータを用いる。具体的には，「領域での標準化の先導」，「他社より早い取組み」「先端技術の保有」は「研究者能力の蓄積」に関する因子，「組織として蓄積したノウハウ」，「試行錯誤した経験値」，「専門領

域で学習を積んだ研究者が多数」は「組織能力の蓄積」の因子として確認する[5]。

b）確証的因子分析の実施

因子分析は，最尤法を用いる。図6.2の示すモデルの適合度指数はGFI=.966，AGFI=.891，CFI=.971，RMSEA=.075，SRMR=.038であった。適合指数がおおよそ十分な値を示したことから，この因子構造モデルに従って，後の検討を進めていくこととする。さらに，この結果をもとに各下位尺度を設定し信頼性係数（Cronbach's α）を算出したところ，研究者能力の蓄積=.768，組織能力の蓄積=.891，の値が得られたため，この尺度構成を利用することにした。それぞれの尺度相関は高いことを示し，研究者能力の蓄積と組織能力の蓄積（r=.762）となっている。すなわち，医薬品の探索研究に取組む基礎研究者は，これらの2つの要因は互いに関連しながら，研究における他社からの模倣困難性を構築していることが理解できる（表6.4）。

図6.2　模倣保護に関する確証的因子分析の結果

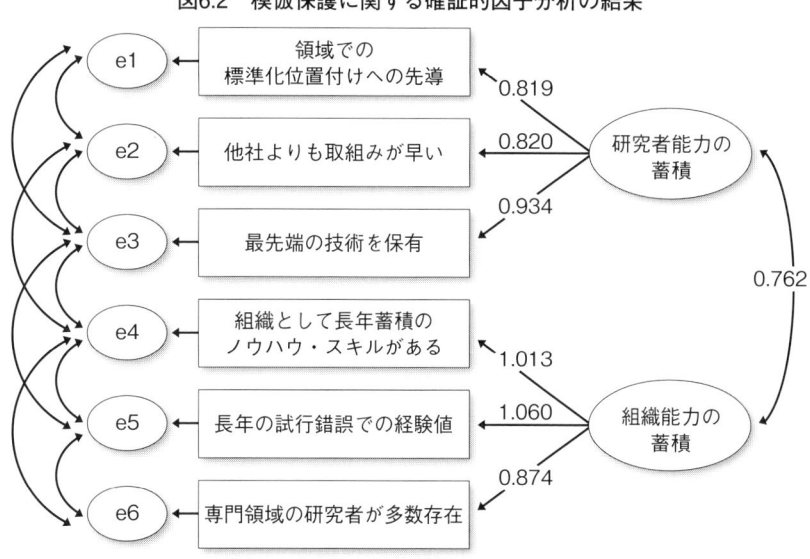

注：GFI=.966，CFI=.971，RMSEA=.075。

表6.4　模倣保護に関する因子を構成する質問項目

因子名称	質問項目	因子1	因子2	α係数
研究者能力の蓄積	領域での標準化位置づけへの先導	.678	.000	
	他社よりも取組みが早い	.705	.000	0.768
	最先端の技術を保有	.778	.000	
組織能力の蓄積	組織として長年蓄積のノウハウがある	.000	.898	
	長年の試行錯誤での経験値	.000	.898	0.891
	専門領域の研究者が多数存在	.000	.777	
因子相関		1.000	.762	
		.762	1.000	

c）外部組織連携に関する変数

　外部組織連携については，設定した概要仮説に従って，「1.共同事業，ベンチャー企業」，「2.大学あるいは高等教育機関」との「連係における親密性」を3件法で回答を得たデータを用いる。この2つの観測変数から構成される潜在変数と模倣保護に関して因子分析により抽出された2つの構成概念である「組織能力の蓄積」「研究者能力の蓄積」を対象に共分散構造分析を用いて，「技術成果」への影響の解明を試みる。

6.3.3　「OI」による学習メカニズムに関する仮説の設定

　これまでの先行研究の議論と前々章，前章の分析結果を踏まえ，本章の仮説の設定を行う。前々章の第4章では，複数時点での新規技術である「バイオ医薬品」の技術成果には，「OI」と「M&A」が影響し，特にいずれの時期にも「OI」のみが影響しているという結果が得られた。本章では，医薬品基礎研究者を対象とした2013年後半時点のデータを用いる。その理由として下記の2点を挙げる。

(1) 新規技術のバイオのM&Aは2010年頃までが活発化し，OIは2010年頃から展開が進んでいること（表1.3参照）
(2) OIの概念に従うと外部組織との連携が内部組織を介して成果につながることを意味するが，第4章では内部資源を介しているか否かまで確認

した上で分析していないこと

　そのため，シーズの目利きも含めてOIを実際に担当する現場の研究者の意見やOIの取組みそのものに関する回答を得ることが事実確認のために適すると考える。

　また，OIの概念に従い，「外部組織連携」による「技術成果」への「直接的な影響」を見るのではなく，あくまで「組織能力の蓄積の高まり」や「研究者能力の蓄積」を介して，「間接的」に「技術成果」に繋がるかについて分析を試みることで，OIの有用性の確認を行う。

　前々章の実証分析，前章での事例分析の結果と先行研究による議論から，本章で明らかにすべき「OI」による学習メカニズムに関する仮説がもたらされた。具体的な仮説は次のように示される。

　製薬企業は自前でのR&D比率も他産業に比べて高い（RIETI，2005）ものの，自社に不足している技術や先端性の高いは積極的に外部提携により獲得する傾向が強い（桑嶋，1996；元橋，2014）。戦後，外部組織との連携で，低分子合成技術を学習してきた（中村洋，2009）。特に不確実性が高い医薬品基礎研究において，研究者個人が大学の研究者と基礎から共同研究を進め，大型な新薬を創出してきた（桑嶋，2006）。よって，下記のような仮説が設定される。

　　仮説１：「大学・ベンチャーとの連携の親密度」の高さは，医薬品基礎研究
　　　　　の「研究者能力の蓄積」に正の影響を与える。
　　仮説２：医薬品基礎研究の「研究者能力の蓄積」は「技術成果」に正の影
　　　　　響を与える。

　近年は，自社内に保有していないまたは不足する新しいバイオ医薬品に関する技術を大学やベンチャーとの提携によって，獲得するとともに技術に関する習熟を高めることに努めている（中村洋，2009）。特にバイオなどの最先端分野の研究ほど外部知識の重要性を定説化する傾向は強いとされる（Owen-

Smith & Powell, 2004)。よって，下記のような仮説が設定される。

仮説 3：「大学・ベンチャーとの連携の親密度」の高さは，医薬品基礎研究
　　　の「組織能力の蓄積」に正の影響を与える。
仮説 4：医薬品基礎研究の「組織能力の蓄積」は「技術成果」に正の影響
　　　を与える。

　医薬品研究には，偶然の産物的な側面が多分に存在する一方でそのような
機会を手繰り寄せるためにも日頃から専門技術領域において発見力，実行力
に関する能力を地道に積み重ねることが重要であるとされる（桑嶋，2006）。
　そのような能力や知識は個人に宿るとされる（Grant, 1996）。また，前章
の事例分析において，新規技術であるバイオ医薬品のノウハウ獲得のために，
特定の研究者を外部から採用した，というケースもインタビューで見られた。
まずは先端技術を有する研究者を内部育成または外部採用し，その知見・ノ
ウハウを組織的に広めていくことが想定される。よって，下記のような仮説
が設定される。

仮説 5：「研究者能力の蓄積」の高さは，「組織能力の蓄積」に正の影響を
　　　与える。

　低分子合成技術では，秀逸な研究者個人の能力が基礎研究成果をもたらすこ
とが多く，組織的なマネジメントは難しいとされる（桑嶋，2006）。一方，近
年のオープン化が進む環境下においては，組織における新技術に関する知識の
マネジメントがより重要となる（Oliver *et al.*, 2009）。また，Lichetenthaler
& Lichetenthaler（2009）が，OIのプロセスには，基礎研究における組織能力
を有することが重要であることを記述している。バイオ医薬においては，大
学やベンチャーとの連携が活発化している（元橋，2009）。

仮説 6：「技術成果」に影響を与える要因や構造は，「技術分野」により異
　　　なる。

図6.3　「OI」モデルの構成（仮説）

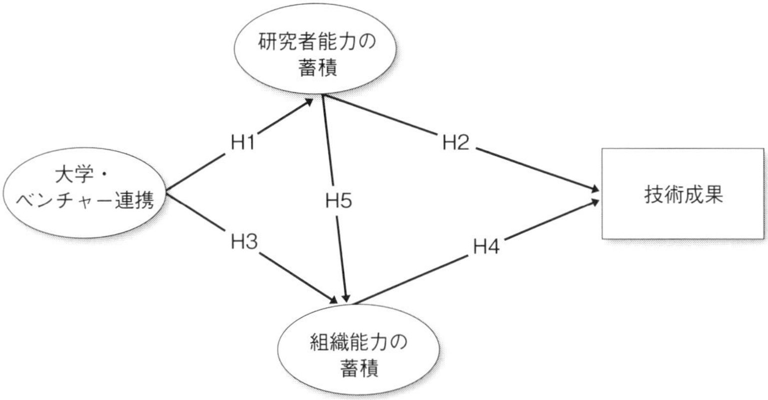

前述の仮説に従って，本章のモデルの構成を図6.3に示した。以降では上記の仮説の検討を試みる分析の作業に移ることとする。なお，H6については，H1～H5のパスの影響が技術分野により異なることを仮説としているため，図6.3には記載していない。後述の「技術分野別の多母集団解析」の段にて説明する。

6.3.4　「OI」による組織学習と研究成果への影響仮説の検証

a）回答者全体での仮説検証

　本章での仮説1～仮説5の検証のために，164サンプル全体での共分散構造分析を実施した。分析の結果，モデルの適合度はやや良くなかった（CFI=0.88，GFI=0.86，RMSEA=0.11）が，主な解析結果は次のようになる（図6.4，表6.5）。

　まず，「大学・ベンチャー連携親密性」は「研究者能力の蓄積」に正で5％の統計的有意を示した（仮説1）。また，「研究者能力の蓄積」は「技術成果」に正で5％統計的有意を示し，仮説2は検証された。さらに，「大学・ベンチャー連携親密性」は「組織能力の蓄積」に正で10％の統計的有意を示した（仮説3）。また，「組織能力の蓄積」は「技術成果」にも正で10％の統計的有意を示し，仮説4は検証された。さらに，「研究者能力の蓄積」は「組織能力の蓄積」にも影響を与えることが統計的有意を示した（仮説5）。このよ

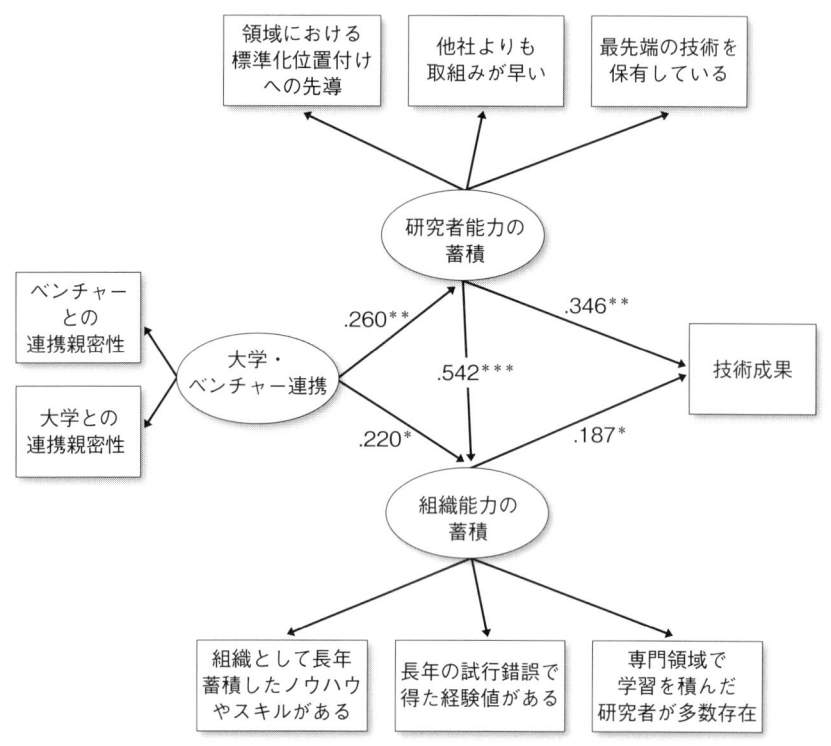

図6.4　全体での「OI」共分散構造モデル

注1：*，**，***はそれぞれ正で統計的に10%，5%，1%有意であることを表す。
注2：パスは標準化係数を表記。

表6.5　「OI」に関する共分散構造モデル分析結果

			推定値	有意水準	仮説	検証結果
研究者能力の蓄積	<---	大学・ベンチャー	0.269	**	H1	支持
組織能力の蓄積	<---	大学・ベンチャー	0.148	*	H3	支持
組織能力の蓄積	<---	研究者能力の蓄積	0.645	***	H5	支持
技術成果	<---	研究者能力の蓄積	0.351	**	H2	支持
技術成果	<---	組織能力の蓄積	0.174	*	H4	支持

注：*，**，***はそれぞれ正で統計的に10%，5%，1%有意であることを表す。

うに164研究者全体を対象にした共分散構造分析では，仮説1〜仮説5が確認された。

また，間接効果を見ると「大学・ベンチャー連携親密性」は，「研究者能力の蓄積」を介して「技術成果」に統計的有意な正の影響を与えることが確認された（推計値0.09 = 0.26 * 0.35，p < 0.05）。くわえて，「大学・ベンチャー連携親密性」は，「組織能力の蓄積」を介する間接効果として「技術成果」に統計的有意な正の影響を与えることが確認された（推計値0.04 = 0.22 * 0.19，p < 0.10）。

b) 技術分野群での多母集団解析

次に，仮説6の検証のために，連続技術（低分子）研究者群138サンプルと非連続技術（BIO）研究者群26サンプルの2群による多母集団の同時解析を実施した。分析手順として，モデルの構成（図6.3）→母集団ごとの分析→配置不変性の検討[6]→等値制約を行った。連続的技術変化と非連続技術変化の二項対立の枠組みで仮説検証を試みるため，各潜在変数を説明する観測変数が2つの群の間で同じであると仮定して等値制約を置き，2群間の異質性を検討した。モデルの適合度は良好であった（CFI=0.95，GFI=0.94，RMSEA=0.06）。

主な解析結果は次のようになる（図6.5，表6.6）。結果を見ると，低分子合成，バイオいずれの技術でも「大学・ベンチャー連携親密性」は「研究者能力の蓄積」に統計的有意を示した（p < 0.10）。また，「研究者能力の蓄積」は低分子合成群の「技術成果」に統計的有意を示した（p < 0.10）。「大学・ベンチャー連携親密性」はバイオ技術の「組織能力の蓄積」にも統計的有意を示した（p < 0.05）。

また，「組織能力の蓄積」は低分子合成，バイオの両技術とも「技術成果」に統計的有意を示した（p < 0.10, p < 0.05）。「研究者能力の蓄積」は，低分子合成では「組織能力の蓄積」に統計的有意（p < 0.10）を示すものの，バイオ群では統計的有意を示さなかった。また，技術別のパラメータ間の差に対する検定統計量を確認した結果，「組織能力の蓄積<---大学・ベンチャー連携親密性」のパス係数で有意な差（絶対値で1.96以上）が見られた（表6.6）。「組織能力の蓄積<---大学・ベンチャー連携親密性」のパスについては，低分子

図6.5　技術別の「OI」に関する多母集団解析

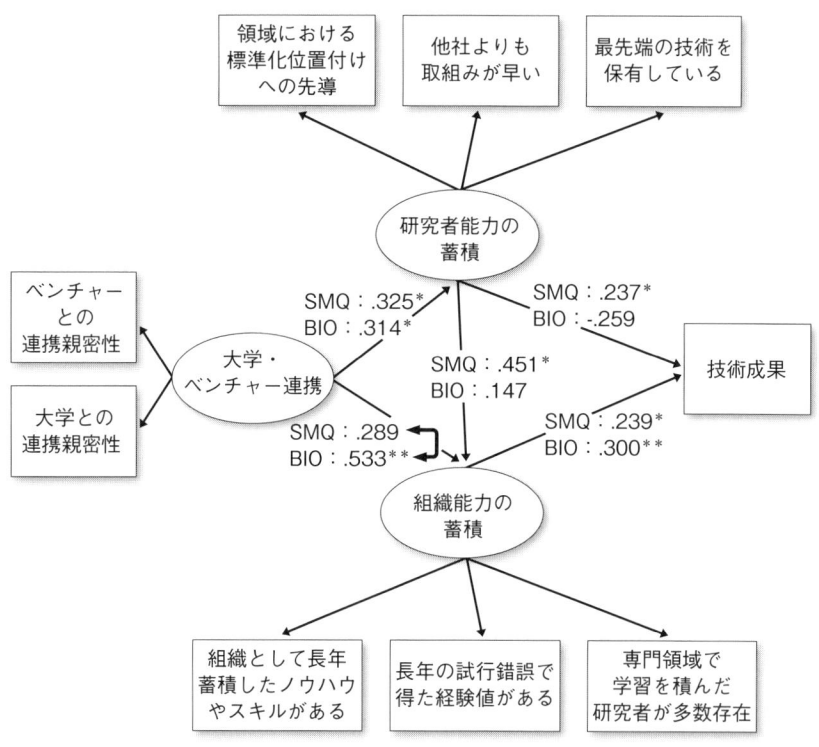

注1：＊，＊＊，＊＊＊はそれぞれ正で統計的に10％，5％，1％有意であることを表す。
注2：パスは非標準化係数を表記している。図中の両方矢印はパス係数間に統計的有意差があることを示す。
注3：SMQは低分子合成研究者（n=138），BIOはバイオ研究者（n=26）。

表6.6　「OI」に関する技術別の多母集団解析結果

			SQM（n=138）		BIO（n=26）	
			推定値	有意水準	推定値	有意水準
研究者能力の蓄積	<---	大学・ベンチャー	0.479	＊	0.800	＊
組織能力の蓄積	<---	大学・ベンチャー	0.253		0.418	＊＊
組織能力の蓄積	<---	研究者能力の蓄積	0.256	＊	0.140	
技術成果	<---	研究者能力の蓄積	0.260	＊	-0.439	
技術成果	<---	組織能力の蓄積	0.484	＊	0.258	＊＊

注1：＊，＊＊，＊＊＊はそれぞれ正で統計的に10％，5％，1％有意であることを表す。
注2：表中の両方矢印はパス係数間に統計的有意差があることを示す。
注3：SMQは低分子合成研究者（n=138），BIOはバイオ研究者（n=26）。

合成群よりもバイオ群で統計的有意に影響があることが確認された（仮説6）。

さらに，技術別に間接効果を見ると，低分子合成群では「大学・ベンチャー連携親密性」は，「研究者能力の蓄積」を介して「技術成果」に統計的有意な正の影響を与えることが確認された（推計値0.08 = 0.33 * 0.24，p＜0.10）。一方バイオ群では，「大学・ベンチャー連携親密性」は，「組織能力の蓄積」を介する間接効果として「技術成果」に統計的有意な正の影響を与えることが確認された（推計値0.16 = 0.53 * 0.30，p＜0.05）。

6.3.5 「M&A」が能力蓄積に与える影響に関する仮説

これまでの先行研究の議論と前々章，前章の分析結果を踏まえ，本章のもう一つの仮説の設定を行う。前章の第5章では，「M&A」は内部組織能力の蓄積を毀損する可能性が示された。本節では，医薬品基礎研究者を対象とした2013年後半時点のデータと回答研究者が所属する企業が実施した「2005年から2010年の5年間のM&Aの累積金額とM&Aの累積件数データ」を用いて分析を行う。具体的設定仮説は下記のようになる。

M&Aは直接的な資産効果が期待されるが，負の効果についての議論として，敵対的買収の場合，従業員や取引先など利害関係者によってそれまでなされてきた企業固有能力の価値が，M&Aに伴う経営再編によって，低下ないし毀損するという負の効果が大きく現れる可能性がある（Shleifer & Vishny, 1989）。企業固有能力とは，日本の医薬品研究者の強みであった低分子合成技術である。よって，下記仮説が設定される。

仮説1：「M&A累積額」は低分子合成の「研究者能力の蓄積」に負の影響を与える。

仮説2：「M&A累積額」は低分子合成の「組織能力の蓄積」に負の影響を与える。

前述の仮説に従って，本章のモデルの構成を下記に示した（図6.6）。以降では上記の仮説の検討を試みる分析の作業に移ることとする。

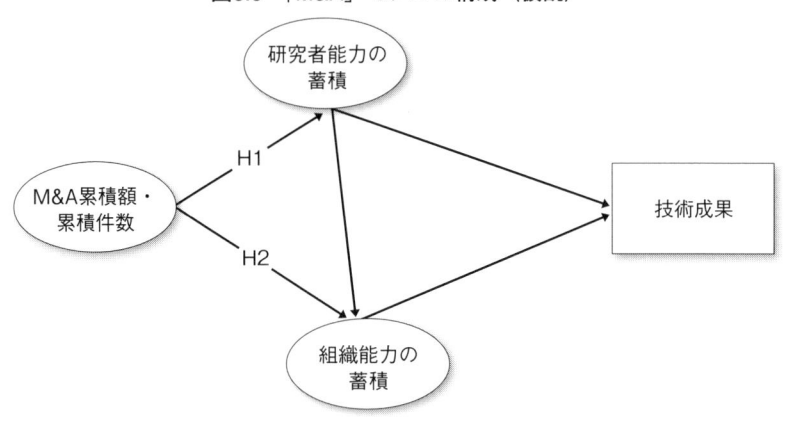

図6.6 「M&A」モデルの構成（仮説）

ここでは連続技術（低分子）研究者群138サンプルと非連続技術（BIO）研究者群26サンプルの２群による多母集団の同時解析を実施した[7]。連続的技術と非連続技術の二項対立の枠組みで仮説検証を試みるため，各潜在変数を説明する観測変数が２つの群の間で同じであると仮定して等値制約を置き，２群間の異質性を検討した。モデルの適合度は良好であった（CFI=0.97，GFI=0.96，RMSEA=0.05）。主な解析結果は次のようになる（図6.7，表6.7）。

　結果を見ると，既存技術である低分子合成技術では「M&Aの累積」は「研究者能力の蓄積」に負で統計的有意を示した（$p < 0.01$）。また，「M&Aの累積」は「組織能力の蓄積」にも負で統計的有意を示した（$p < 0.05$）。一方で新技術であるバイオ技術では，「M&Aの累積」は「研究者能力の蓄積」や「組織能力の蓄積」に対して正ではあるものの統計的な影響を示さなかった。

　さらに，技術別のパラメータ間の差に対する検定統計量を確認した結果，「組織能力の蓄積＜---大学・ベンチャー連携親密性」のパス係数で有意な差（絶対値で1.96以上）が見られた（表6.7）。

　「研究者能力の蓄積＜---M&A累積」のパスについては，バイオ群は正の係数であるが，低分子合成群で統計的有意に負の影響があり，両群に違いがあることが確認された（仮説１）。また，「組織能力の蓄積＜---M&A累積」のパス係数でも，低分子合成群で統計的有意に負の影響があり，両群に有意な差（絶対値で1.96以上）が見られた（仮説２）。

図6.7 技術別の「M&A」に関する多母集団解析

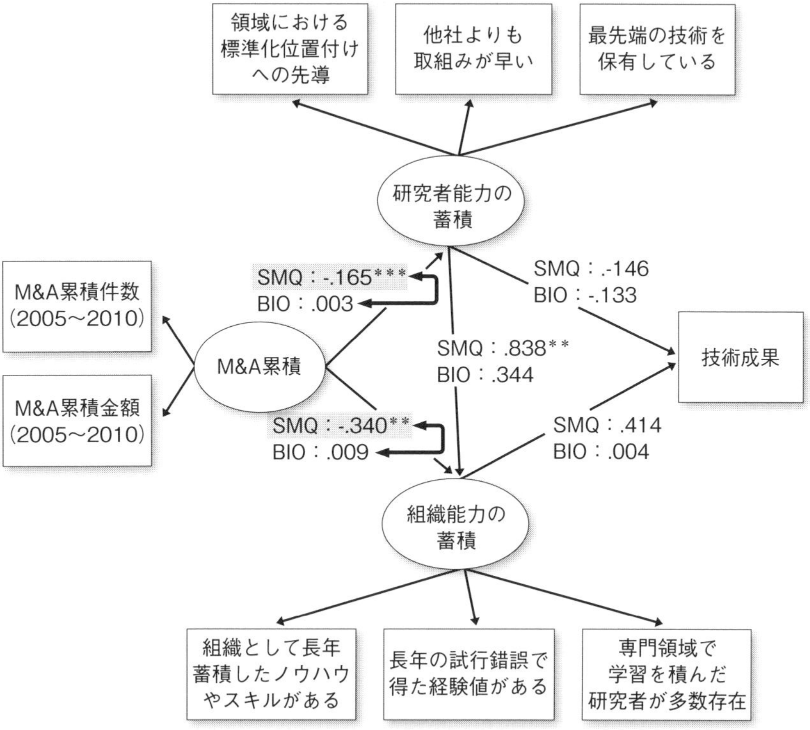

注1：*，**，***はそれぞれ正で統計的に10%，5%，1%有意であることを表す。
注2：等値制約を置いたパスには非標準化係数を表記している。
注3：図中の両方矢印はパス係数間に統計的有意差があることを示す。
注4：SMQは低分子合成研究者（n=138），BIOはバイオ研究者（n=26）。

表6.7 技術別の多母集団解析結果

			SQM (n=138)		BIO (n=26)	
			推定値	有意水準	推定値	有意水準
研究者能力の蓄積	<---	M&A累積	-0.165	***	0.027	
組織能力の蓄積	<---	M&A累積	-0.340	***	0.092	
組織能力の蓄積	<---	研究者能力の蓄積	0.838	**	0.344	
技術成果	<---	研究者能力の蓄積	-0.146		-0.133	
技術成果	<---	組織能力の蓄積	0.414		0.043	

注1：*，**，***はそれぞれ正で統計的に10%，5%，1%有意であることを表す。
注2：表中の両方矢印はパス係数間に統計的有意差があることを示す。
注3：SMQは低分子合成研究者（n=138），BIOはバイオ研究者（n=26）。

6.4　考察

6.4.1　分析結果のまとめ

　本章の目的は前章で示された結果と先行研究に基づく仮説の確認と詳細な検討である。前章の第5章の事例分析では，2010年頃を境にバイオ技術のOIが活発化し始めていることが窺えた。そのため，本章では，2013年時点での国内の大手製薬企業8社の基礎研究者164名への質問票調査データによる，医薬品基礎研究成果に繋がる要因を「組織能力」を考慮して分析を実施した。

　また，回答者全体および等値制約を置いた多母集団解析による技術領域別で分析することで，仮説の確認と詳細な深掘りを試みた。その結果の含意は次の3点である。

　第1に，医薬品基礎研究の成果獲得において，「研究者能力の蓄積」や「組織能力の蓄積」という内部の蓄積や「大学・ベンチャーとの連携」という外部組織連携が「技術成果」に影響を与えるということを示した点である（図6.4，表6.5）。このことは，業界の共通通念となっている，「医薬品基礎研究はマネジメントが難しい」（桑嶋，2006）に対して，「必ずしも全てマネジメントできない訳ではなく，部分的にマネジメントが可能である」という新たな方向性を提示することができたと考える。

　第2に，医薬品基礎研究の成果獲得には専門とする技術別により影響の強さが異なることである。既存技術である「低分子合成」では，「研究者の能力」が「技術成果」に影響を与える。一方，新規技術である「バイオ医薬品」では，「組織能力の蓄積」が，「技術成果」に強く影響を与える因子であることが示された。この分析結果から，漸進的に継続して進む既存技術と非連続に発生した新規技術とで，対応すべき基礎研究の取組みは異なることが示唆された。そのため，製薬企業のR&D戦略は過去の成功体験にとらわれず，技術別に成果獲得に必要な取組みに資源を割くことができるかが重要であると考えられる（Christensen，1997）。

　第3にOIの活発化は，「組織能力を高めること」に繋がることである。特に，医薬品業界に生じた，非連続な技術変化（Foster，1986）であるバイオ技術への手立てや成功企業のジレンマ（Christensen，1997）への対応策とし

て，アカデミアやベンチャーなどの外部資源を活用し不確実を軽減するという OI（Chesbrough, 2003）の有用性が示された（図6.5，表6.6）。このように，実際のOIの担当現場である医薬品の基礎研究チーム・研究者を対象に外部組織と連携することで組織能力を蓄積し，その結果，技術成果に繋がるというプロセス，メカニズムが明らかにされたことも本章での貢献であると考える。

第4にM&Aの累積は，連続技術である低分子合成の「研究者能力の蓄積」や「組織能力の蓄積」を毀損する可能性が窺えることである（図6.7，表6.7）。これまで日本の医薬品の基礎研究者の強みは低分子合成技術であった。しかし，技術開発において連続技術が継続しているうち（非連続技術が生じていない場合）はM&Aは研究者能力および組織能力の蓄積の観点から副作用が大きく，非連続技術が生じた場合，M&Aによる副作用は軽減されるものの研究者能力および組織能力の蓄積のメカニズムが強化されることは期待できない。

このように度重なるM&Aの累積は，従来の企業固有能力を低下ないし毀損するという負の効果が大きく現れる可能性があることが示された（Shleifer & Vishny, 1989）。

6.4.2 今後の研究課題

本章での分析からは上述のようにいくつかの示唆を導出することができた。ただし，本章の分析結果は，今後の研究課題もあわせて示した。

第1に，2013年時点の国内大手製薬企業を対象にしたという限定性は排除できない。その限定性を前提とした上での結論と考察であることは留意が必要であり，その点の解消を今後の研究課題としたい。本章でのOIとM&Aの学習メカニズムは製薬企業に特有なものなのか，他産業でも適応可能なものなのか，は十分な検討がなされていない。

特に，外部組織との連携において，天然調味料・健康機能食品企業を対象に，既存技術の活用と新規技術の獲得の学習メカニズムを検討した安藤・上野（2013）によれば「研究者能力」は新規技術探索で外部連携により活かされ，「組織能力」は既存技術の活用によるルーティンで活かされるとされる。新規技術において外部組織連携が有用である点は本研究で示したメカニズム

と一致する。一方，その新規技術の学習メカニズムが「研究者個人」を介するのか，「組織能力」を介すのか，という点では異なる。この点については，今後，同一企業内で両利きの経営を試みている，すなわち低分子合成とバイオの研究者の両方を具備している製薬企業を個別事例として取り上げて，再度分析する必要があると考える（O'Reilly & Tushman, 2004）。

　第2に，バイオの基礎研究者が，我が国にはまだまだ多いといえない。そのため本章での分析も対象となるバイオ技術者のサンプルが26に留まっている。国内の研究者が依然として連続技術である低分子合成を専門としている現状を鑑みると，今回収集したバイオ研究者に関するアンケートデータの希少価値は大きい。しかし，絶対数としては十分ではない。今後，時期を改めて，再度データ収集を試みたいと考える。

〈注〉

1　質問票へ回答頂く上で研究者個人を対象に，研究の成果について客観的なデータ取得を試みているが，アンケートというデータ取得方法の制限上，研究の成果についての回答者による解釈（個人の成果か組織の成果か，などの捉え方）が異なることを排除しきれない点は留意が必要である。
2　基礎研究者の成果目標の一つとして，自身が手掛けた，或いは関与した化合物・成分が臨床研究パイプライン入りすることが挙げられる。
3　3件法：質問紙による調査におけるリッカート尺度で，ある質問項目に対して「良い」「普通」「悪い」のような3段階評定（3件法）で回答を得る方法をいう。
4　トライアンギュレーション：1つの研究において異なったデータ収集の方法（質的と量的等）を用いるプロセスをいう（Bryman, 1989）。
5　投入する独立変数として組織資源の影響を見るために，蓄積された組織資源である「積み重ねの組織能力」（延岡, 2007）と，積み重ね能力は組織レベルに限らないと考え，組織能力に対応する個人変数として「個人の積み重ね能力」を投入する。安藤（2013）での変数と因子名称を前提としつつ，変数として「技術や知識は研究者個人に帰属する」というGrant（1996）や「技術成果はスター研究者が領域を先導する」という桑嶋（2006）の考えを援用して，「研究者能力の蓄積」に関する因子と命名した。
6　母集団ごとの分析を見た。バイオ群はCFI=0.89, RMSEA=0.11，低分子合成群ではCFI=0.97, RMSEA=0.07とバイオ群のモデル適合度はやや悪かった。また，配置不変性の検討を見るとCFI=0.95, RMSEA=0.06とモデルの適合度は良好であった。
7　母集団ごとの分析を見た。バイオ群はCFI=0.85, RMSEA=0.15，低分子合成群ではCFI=0.96, RMSEA=0.08とバイオ群のモデル適合度はやや悪かった。また，配置不変性の検討を見るとCFI=0.96, RMSEA=0.06とモデルの適合度は良好であった。

7章

結び：
まとめと今後の研究課題

「7.1 総括」では，第4章の実証分析，第5章の事例分析および6章での実証分析から導出された論点をもとに，非連続に生じた技術変化に対応するイノベーション戦略行動とプロセスについて，分析フレームの検証および再構築を行っていく。

「7.2 含意」では，本研究の理論面における意義，特に経営戦略論への貢献について，提示を行っていく。また，実務上のインプリケーショについても提示を行う。

最後に「7.3 今後の課題」では，現段階で想定される本研究の限界点について，提示を行っていく。

7.1　総括

本研究の結論を提示するにあたり，ここではまず実証分析から導出されたポイントについて「7.1.1 構成概念・変数」の整理を行い，次に，「7.1.2 発見事項の要約」にて，本研究から導出される新たな分析フレームについて提示を行う。

7.1.1 構成概念・変数

　第4章では，反応型戦略の視点から，43社の複数時点の公開データを用いて，日本の製薬企業が直面した非連続な技術変化に対応するためのイノベーション戦略変数を実証分析した。

　実証分析では，製薬企業のイノベーション戦略行動に関する変数である，「R&D」，「OI」，「M&A」による技術成果への影響の抽出を試みた。

　その結果，「OI」，「M&A」という企業のイノベーション戦略行動変数が，バイオという非連続技術の資源獲得を経て，技術成果に影響を与えることが示された。ただし，複数時点で見ると，「OI」のみが影響し，「M&A」は有効性を示さなかった。

　続く第5章で，「M&A」と「OI」を用いた外部資源の獲得を中心に考察を行った。その対象企業として武田薬品を選定し，事例分析を行った。結果，武田薬品は，バイオ医薬品のパイプラインを獲得するために，それらの研究開発シーズおよび人材を保有する企業を対象として買収に取組んだことが明らかになった。特に，自社が保有していない資源（研究開発シーズ・人材・販路）を獲得すること，資源Gapを埋めることを目的に定めて，一連のM&Aを実施していたことが確認された。

　獲得した研究開発パイプラインの拡張や売上高の維持など，M&Aの直接的な効果は見られた。一方，M&Aによる副作用として，財務体質の悪化や人材の流失などに見舞われている。その解決策として，もう一つの外部資源活用戦略であるOIを促進した。そのきっかけとして，買収により手に入れた新規技術に関する知識やグローバルなオープンなマインドも貢献はしているように見える。そして，自社の研究開発組織にバイオ医薬品に関する技術，ノウハウを移植，融合させるという，間接的な成果を追求するために，OIのための組織能力の蓄積にも取組んでいるという事実も明らかになった。

　第6章では，第5章の事例分析の結果をうけて，医薬品基礎研究の組織能力の蓄積が「OI」による成果獲得に影響を与えるかに焦点をあて，164名の基礎研究者の2013年後半のアンケートデータをもとに実証分析を行った。その結果，「大学・ベンチャー連携親密性」との連係（OI）において，低分子合成では「研究者の能力の蓄積」，バイオ技術では「組織能力の蓄積」が技術

成果にあたる「臨床研究パイプライン入り」に対して，影響していることが示された。

　また，「M&Aの累積」は，従来技術である低分子合成の「研究者の能力の蓄積」と「組織能力の蓄積」を毀損する可能性が示唆された。

7.1.2　発見事項の要約

　ここまでの議論を通じて分析フレームを検討した結果，日本の製薬企業のイノベーションへの影響要因の相関および因果関係は，図7.1のように提示されることが明らかになった。

　図7.1は，「非連続に生じた技術変化」の環境下における技術成果に影響を与える諸要因と相関および因果関係を示したものである。

　「技術成果」である「バイオ技術の開発パイプライン」に影響する各構成要素として，イノベーション戦略行動変数である「OI」「M&A」「R&D」が配置される。非連続的技術であるバイオの技術成果であるパイプライン構成比

図7.1　非連続な技術変化が生じた環境下での技術成果獲得プロセス

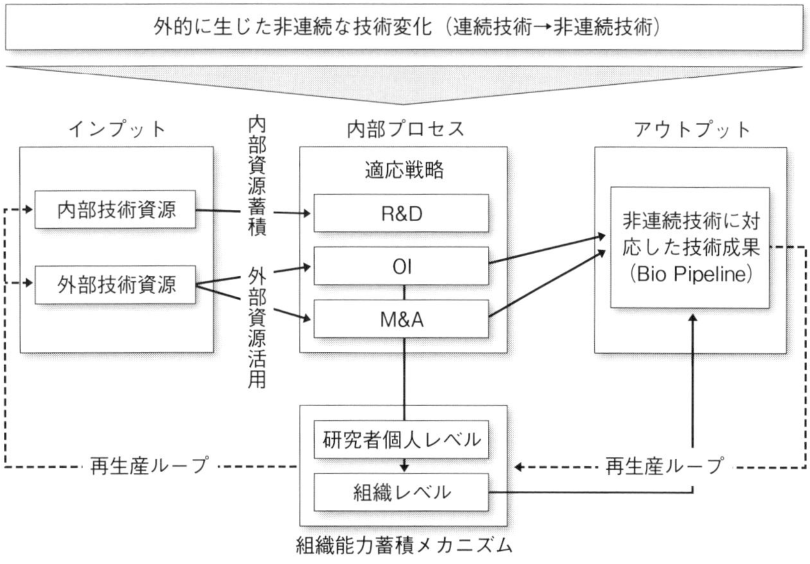

注：図中の実線は，明らかにした関係性を表す。また，点線は今後の研究課題を表す。

の増加率には「OI」と「M&A」が定量的な影響を示しているため，実線での片方向矢印で示す（第4章）。

また，「OI」は「組織能力の蓄積」を介して非連続的技術の「技術成果」に定量的な影響を示しているため，実線での片方向矢印で示す（第6章）。

7.2 含意

7.2.1 本研究の貢献

本研究では，外的に生じた非連続な技術変化に対応するイノベーション戦略行動として，⑴R&D，⑵OI，⑶M&Aを検討の中心におき，分析を行った。ここまでの分析を踏まえて，本研究の理論的貢献として次の4つが挙げられる。

第1に，非連続に生じた技術変化への反応型戦略を横並びで見た場合，「M&A」と「OI」という外部資源活用戦略が有用であることが示された。近年，非連続技術に備えるための研究が蓄積されてきた一方で，非連続技術に備えていない場合の反応型戦略は十分に検討されていなかった。そのため，本研究は技術劣位に陥っている場合の反応型戦略に対して一つの方向性を提示した。

第2に，既存技術での成功から，非連続な新規技術に即時的に対応（転換）が必要な場合には，「M&A」が新規技術そのものを獲得するために有効であることが示された。しかし，「M&A」には被買収先として適した企業が探索できるか，仮に探索できてもM&Aを成立させることができるか，という問題がある。

さらに，買収後の組織統合・管理においても困難を極める。「M&A」を度重ねることで，コア人材の流出やモチベーション低下など既存の内部組織にマイナスの影響を与えることが想定される。

一方で，医療用医薬品においては自社で一から新規技術のR&Dに着手した場合，上記のようなリスクは生じない。しかし，基礎から上市まで十数年の歳月を要し，しかも，そのR&Dの結果として研究成果が得られる保証はな

いのである（榊原，2005）。このような環境下で「R&D」が有効に機能するのは，技術変化以前から新規技術に関連する技術の研究に取組んでいた場合である。この場合，自社組織や戦略の柔軟性に関係なく，外部環境が機会をもたらすことになるのである。既存技術では相対的に劣位に位置した企業が，ルールが変わることで優位な地位に位置づけられるためである。このように非連続な技術変化に対応するための戦略として「M&A」か「R&D」を採択することはリスクとリターンを承知の上で意思決定することであり，経営手腕が問われるのである。

　本研究の第3の貢献として，M&Aと比較する視点を用いて，もう一つの外部資源活用戦略であるOIの有用性と学習メカニズムを明らかにした。

　OIには，自社の基礎研究に関する組織能力を高める効果があること，を明らかにした。また，非連続に生じた新規技術においてもOIは有用性を示した。さらにOIは，技術分野によりその効果経路は異なることも明らかになった。

　OIは直接的な資産効果の点でM&Aに劣ることが想定されるが，投資コストがM&AやR&Dに比べると大きくない。また，連携対象となる技術や組織もM&Aに比べると探索しやすい。一方で，連携先からの自社技術ノウハウの流出が懸念される（嶋口・内田・黒岩，2009）。また，イノベーションを実行するためには，その前提として結合要素に関する一定以上の知識蓄積が必要となる。まずは自社内に知識蓄積がなくては，新結合は起こり得ない可能性もある（Schumpeter, 1942）。本研究で対象としたインバウンド型のOIでは，自社内に外部から知識や技術を取り込むことを対象にしているため，自社技術ノウハウの流出の懸念は小さい。しかし，OIを実行するためには，その前提として結合要素に関する一定以上の知識蓄積が必要であり，それらを保有していない場合には，M&Aにより組織能力（組織にいる人材）ごと購入する方法もある。ただし，M&Aは，結果として肝心の技術保有人材が流失してしまうリスクが高い。そのことを考慮すると，M&Aはあくまで直接成果の獲得とOIへのきっかけを整えるためと位置づけられるだろう。非連続に生じた技術変化への対応として組織学習効果があり，副作用が少なく自社内に蓄積されるインバウンド型のOIを促進することが望ましいと考える。

　また，第4の貢献として，非連続に生じた技術変化への企業のイノベーシ

ョン戦略に関して，次の点を新たに提示した。

　従来のイノベーション研究やR&Dマネジメント研究では，R&Dを起点に成功のジレンマ解消の対策を検討するものが少なくなかった。一方，本研究では成功のジレンマ解消の対策として，外部資源活用によるM&Aを展開することで，直接的な成果獲得とマインドセット構築によりOIが促進される可能性を提示した。このことは，R&Dによる連続的な組織能力蓄積に基づく技術資源の蓄積以外にも解となり得る方法の可能性を示したといえる。

　本研究では医薬品産業を対象に武田薬品を取り上げたが，他産業での類似事例として，シスコシステムズでは，A&D（Acquire & Develop：買収・開発）というモデルを実践している（Chesbrough, 2006）。この方法は，新規技術に対して，自社で一から新規技術を研究開発するコストを節約し，素早く技術成果と収益に繋げることを可能にする。総合的に本研究全体を概観すると，非連続技術への対応について次のような関係性とプロセスが提示できる。

　「非連続な技術変化が生じた場合，産業全体として新規技術への対応が必要となる」→「新規技術に対応するためにM&Aで直接的に技術資源そのものを獲得する」→「M&Aと並行して外部技術連携（OI）の活用を促進し，中期的な技術蓄積を進める」という行動と流れである。ただし，より副作用が少なく，中期的な自社内部への蓄積まで考慮すると，非連続に生じた技術変化に対応するためにはOIが有用であろう。

7.2.2　実践的含意

　本研究の実践的含意としては，大きく分けて3つのポイントが挙げられる。

　第1に，非連続な技術の変化に対応するには，既存技術は内部資源の蓄積を継続しつつ，新規技術については，外部資源を獲得することを検討する必要がある。既存技術の市場も縮小していくことは避けられないものの，即座になくなるものではない。蓄積してきた既存技術領域の中でも残存する市場は存在する。その見極めを行うことも蓄積した技術領域であれば目利きもできよう。一方で新規技術については，競争優位の源泉が自社内部に存在せず，外部市場に存在しているのであれば，それを獲得することを実行するべきで

あろう。

第2に，基礎研究のマネジメントを再考することである。「医薬品の基礎研究業務はマネジメントが不可能である」という認識が業界の共通認識となっている節がある。しかし，本研究でも明らかになったように，競合他社からの模倣を保護するための取組みや外部組織連携は，研究成果に影響を与えている。このことは，行動と結果の間に関係性が存在し，マネジメントが介在する要素が存在することを示唆している。従来の既成概念にとらわれず，研究業務のプロセスを今一度，詳細に分解することで，狭い範囲でもマネジメントできる要素を抽出し，マネジメント指標を策定することも可能になるのではないかと考える。是非，そのような取組みを試みて頂きたい。

第3に，本研究では，企業の戦略行動が，技術成果獲得において相対的に影響力を高めていることが明らかになった。このことは，企業経営におけるマネジメントの影響が増していることを意味していると考える。つまり，マネジメントの良し悪しが成果獲得の成果獲得の成否を左右するため，より高い経営能力を構築する努力を意識的，継続的に行っていく必要がある。

マネジメントにおいては，短期的な思考に陥らずに，戦略オプションを適切に組み合わせて企業経営を実施することが望ましい。例えば，「内部資源構築への投資かOIやM&Aによる外部資源の獲得」のどちらを選択するべきか，というような単純な議論や検討を行うのではなく，「外部資源を獲得しながらも内部資源に速やかに吸収する」といったような，状況に応じて，必要な行動を選択できるような思考や視点を養うことが肝要であろう。

7.3 今後の研究課題

本研究では，非連続に生じたイノベーションに対応する戦略に関する研究について，重要かつ興味深い結果が示されたが，検討すべき多くの課題が依然として残されている。本研究の今後の課題として以下が挙げられる。

第1に，分析データの制約である。43社の製薬企業と164の基礎研究者を対象に2つの実証分析を行ったが，対象企業の規模が国内大手企業に偏重傾

向にあるというバラつきも考慮すると，分析結果の普遍性には限界がある点である。

　また，基礎研究者のアンケートデータは2013年後半という静的な一時点のデータに留まり，当該企業の時系列的なパフォーマンスに関する追求がなされていないことである。今後，時系列データでの分析を行うことで研究の頑健性を高めるとともに，新たな知見が得られる可能性が存在するものと考える。

　第2に，実証分析結果の確認として試みたバイオ医薬品の外部からの獲得に関する武田薬品の事例分析により，幾つかの新たな変数が抽出された。一方で，新規技術であるバイオ医薬品を外部資源の獲得に頼らずとも，自社で内部蓄積している企業も少ないが存在する。新規技術の内部資源マネジメントについて理解を深めるためには，そのような企業を対象とした事例分析も必要であると考える。

　また，事例分析で明らかにされた買収と吸収のダイナミック・ケイパビリティに関する潜在的な変数，間接効果を持つ変数と技術成果の関係性についての実証的な検証も必要である。

　第3に，本研究で，新たに明らかにしたイノベーションに影響を与える戦略行動変数と，その背景・因果関係については，あくまで日本の製薬企業を対象にしていることに留まり，外資系製薬企業や他産業も含めた一般性・普遍性についての検討がなされていないことである。今後，一般化・普遍化に向けて，海外に本社を持つ外資系の製薬企業や他産業を対象にした大規模な実証研究とケーススタディーを検討する必要があると考える。

　最後に，非連続な技術成果獲得のために取組んだ適応戦略のうちM&AとOIが技術成果獲得に繋がることが明らかになった。特にOIは組織能力の蓄積にも寄与していることが明らかになった。しかし，成果獲得以降の再生産への繋がり，再生産ループまで含めての分析がなされなかった。分析対象範囲を拡張して，全体のプロセスをより詳細に解明する機会をもちたい。

　以上の議論から明らかな通り，本研究はいくつかの限界点を含むものであるが，今後は様々な議論を通じて，研究としての完成度を高めていきたいと考えている。

付録：武田薬品工業に関する基礎資料

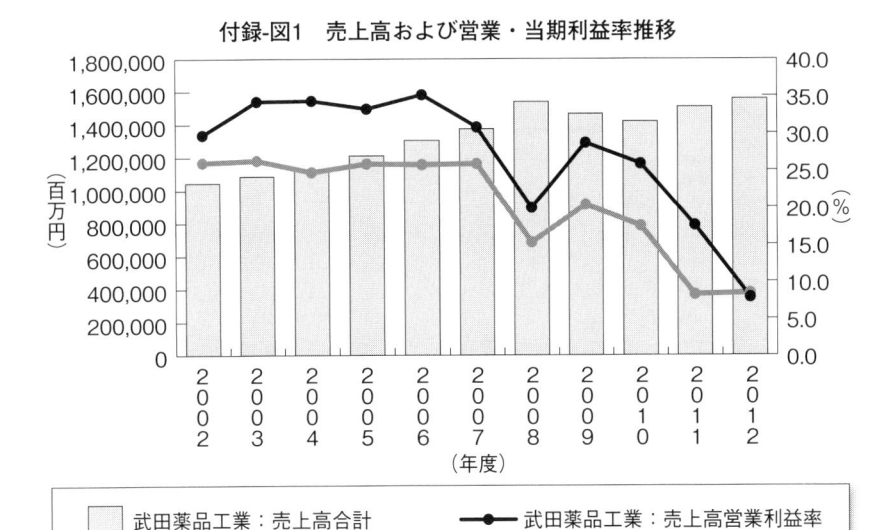

付録-図1　売上高および営業・当期利益率推移

出所：有価証券報告書（2013）より筆者作成。

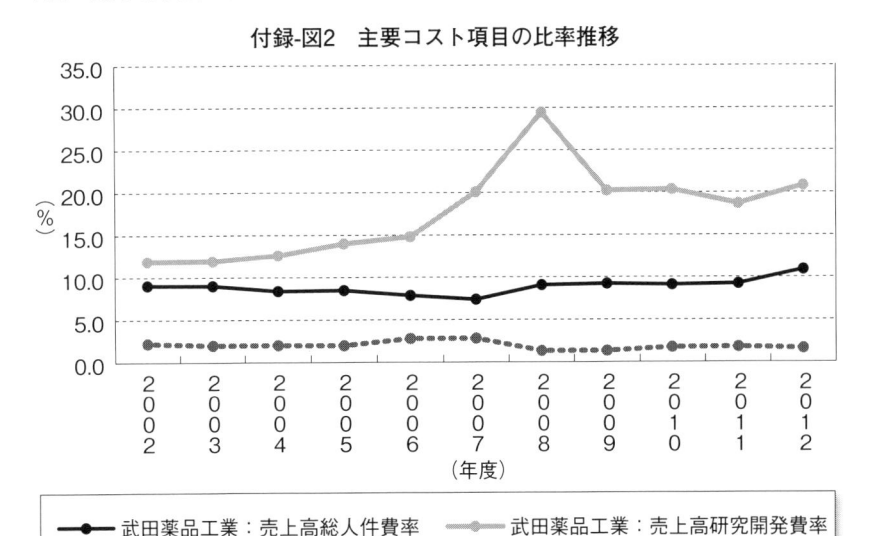

付録-図2　主要コスト項目の比率推移

出所：有価証券報告書（2013）より筆者作成。

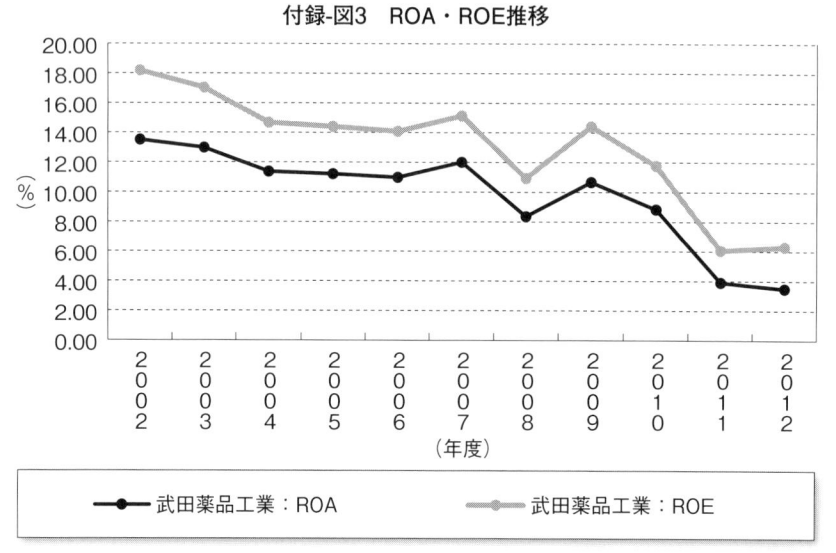

付録-図3　ROA・ROE推移

出所：有価証券報告書（2013）より筆者作成。

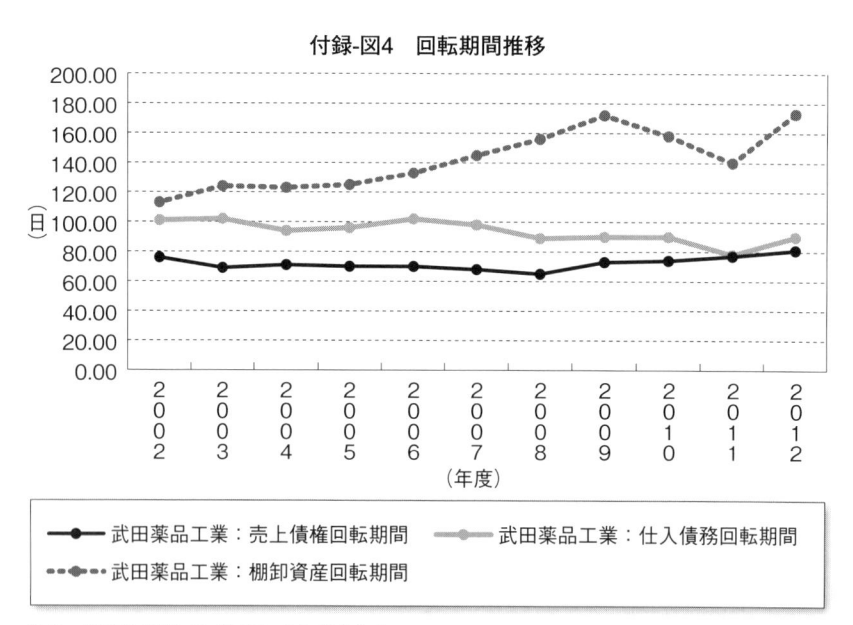

付録-図4　回転期間推移

出所：有価証券報告書（2013）より筆者作成。

160

付録-図5　負債関連データ

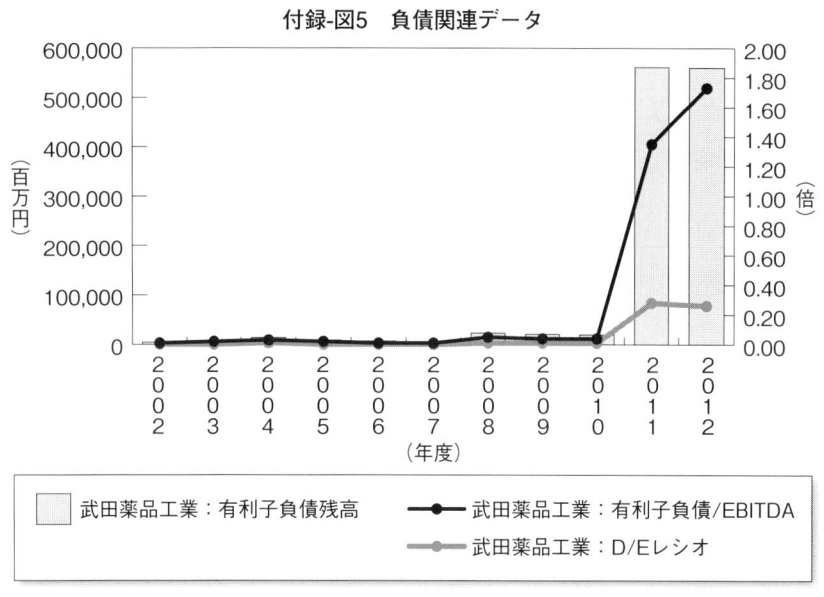

出所：有価証券報告書（2013）より筆者作成。

付録-図6　総資産・株主資本比率推移

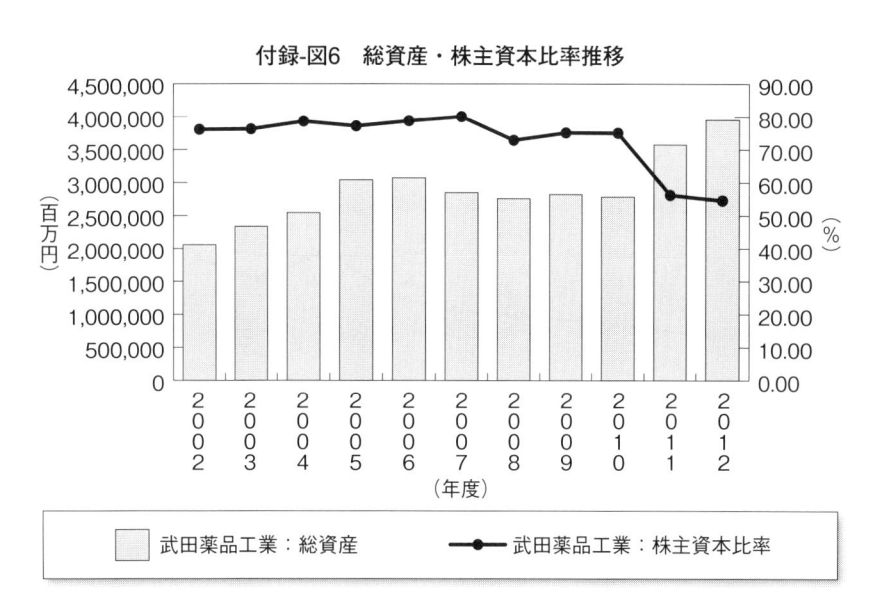

出所：有価証券報告書（2013）より筆者作成。

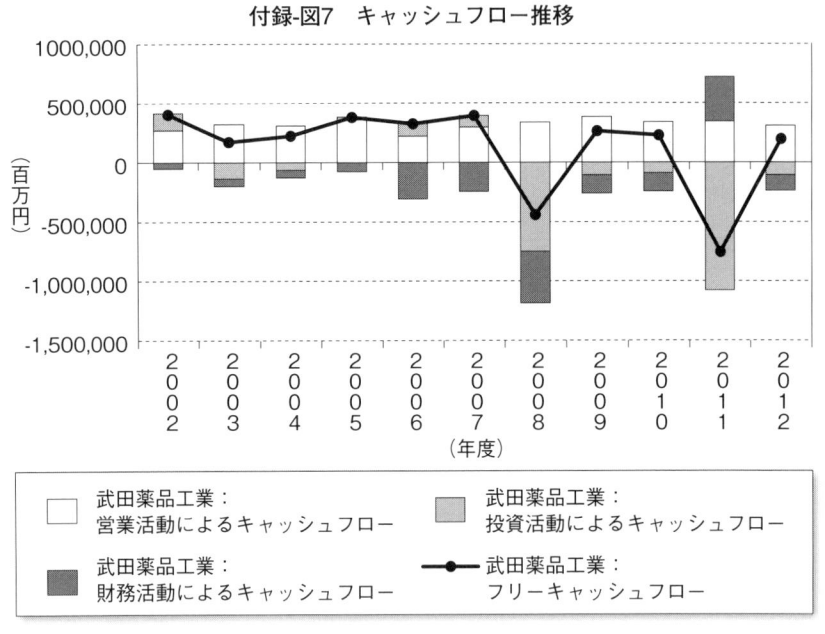

付録-図7　キャッシュフロー推移

武田薬品工業：
営業活動によるキャッシュフロー

武田薬品工業：
投資活動によるキャッシュフロー

武田薬品工業：
財務活動によるキャッシュフロー

武田薬品工業：
フリーキャッシュフロー

出所：有価証券報告書（2013）より筆者作成。

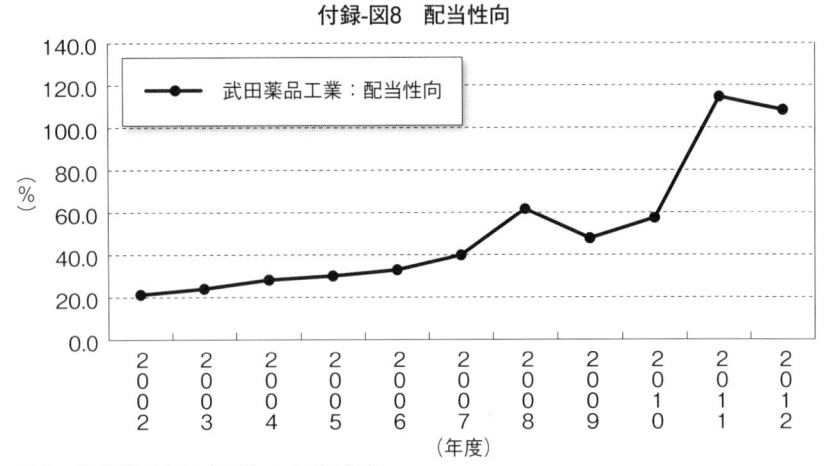

付録-図8　配当性向

武田薬品工業：配当性向

出所：有価証券報告書（2013）より筆者作成。

付録-表1　財務諸表サマリー

単位 百万円	連結	年度	
決算期	2010/03期	2011/03期	2012/03期
年/半/四	通期	通期	通期
連結/単体	連結	連結	連結
ソース	有報	有報	有報
会計基準	日本	日本	日本
（財務諸表サマリー）			
損益計算書			
売上高合計	1,465,965	1,419,385	1,508,932
売上総利益	1,180,901	1,101,803	1,075,738
販売費および一般管理費	760,690	734,719	810,711
EBITDA	535,037	473,806	415,221
営業利益	420,212	367,084	265,027
経常利益	415,829	371,572	270,330
特別利益			17,636
特別損失			35,489
税金等調整前当期純利益	415,829	371,572	252,478
当期純利益	297,744	247,868	124,162
貸借対照表			
資産合計	2,823,274	2,786,402	3,577,030
流動資産合計	1,572,874	1,586,252	1,278,996
固定資産合計	1,250,400	1,200,150	2,298,035
有形固定資産合計	318,949	407,480	488,702
無形固定資産合計	639,895	517,427	1,516,247
投資その他の資産合計	291,555	275,242	293,085
負債合計	658,528	649,746	1,505,165
流動負債合計	428,477	436,596	751,731
固定負債合計	230,051	213,150	753,433
純資産合計	2,164,745	2,136,656	2,071,866
株主資本等合計	2,121,338	2,091,924	2,012,344
現預金同等物および短期性有価証券	883,216	874,218	455,625
現金・預金	266,538	217,897	214,885
短期性有価証券	616,678	656,321	240,740
有利子負債残高	21,039	19,982	561,521
キャッシュフロー計算書			
営業活動によるキャッシュフロー	381,168	326,938	336,570
投資活動によるキャッシュフロー	-117,521	-99,255	-1,093,964
財務活動によるキャッシュフロー	-148,046	-146,544	393,789
フリーキャッシュフロー	263,647	227,683	-757,394

出所：有価証券報告書より筆者作成。

（続き）

単位			
百万円	連結	年度	

決算期	2013/03期	2013/06期	2014/03期
年/半/四	通期	LTM	会社予想（当期）
連結/単体	連結	連結	連結
ソース	有報	有報	短信
会計基準	日本	日本	日本
（財務諸表サマリー）			
損益計算書			
売上高合計	1,557,267	1,569,277	1,680,000
売上総利益	1,109,639	1,109,872	
販売費および一般管理費	987,134	1,002,228	
EBITDA	323,611	315,267	347,623
営業利益	122,505	107,644	140,000
経常利益	113,168	99,425	125,000
特別利益	95,021		
特別損失	78,482	78,689	
税金等調整前当期純利益	129,707	104,164	
当期純利益	131,244	72,757	95,000
貸借対照表			
資産合計	3,955,599	3,933,711	
流動資産合計	1,455,081	1,382,289	
固定資産合計	2,500,518	2,551,422	
有形固定資産合計	511,101	509,870	
無形固定資産合計	1,689,735	1,759,318	
投資その他の資産合計	299,682	282,235	
負債合計	1,732,240	1,657,198	
流動負債合計	613,632	543,620	
固定負債合計	1,118,608	1,113,578	
純資産合計	2,223,359	2,276,514	
現預金同等物および短期性有価証券	547,705	384,882	
現金・預金	289,613	266,883	
短期性有価証券	258,092	117,999	
有利子負債残高	560,507	541,648	
キャッシュフロー計算書			
営業活動によるキャッシュフロー	307,709	114,109	
投資活動によるキャッシュフロー	-111,376	-29,076	
財務活動によるキャッシュフロー	-150,559	-151,459	
フリーキャッシュフロー	196,333	85,033	

付録-表2　主要な経営指標

単位 百万円	連結	年度	
決算期	2010/03期	2011/03期	2012/03期
年/半/四	通期	通期	通期
連結/単体	連結	連結	連結
ソース	有報	有報	有報
会計基準	日本	日本	日本
（主な経営指標）			
（成長性）			
売上高増加率	-4.7	-3.2	6.3
営業利益増加率	37.1	-12.6	-27.8
経常利益増加率	27.1	-10.6	-27.2
当期利益増加率	27.0	-16.8	-49.9
EBITDA増加率	26.0	-11.4	-12.4
EPS成長率	30.1	-16.8	-49.9
潜在株式調整後EPS成長率	30.1	-16.8	-49.9
総資産増加率	2.3	-1.3	28.4
従業員増加率	1.5	-5.9	63.8
（収益性）			
売上高総利益率	80.6	77.6	71.3
EBITDAマージン	36.5	33.4	27.5
売上高営業利益率	28.7	25.9	17.6
売上高経常利益率	28.4	26.2	17.9
売上高税引前利益率	28.4	26.2	16.7
売上高当期利益率	20.3	17.5	8.2
営業CFマージン	26.0	23.0	22.3
売上高原価率	19.4	22.4	28.7
売上高販売管理費率	51.9	51.8	53.7
売上高総人件費率	9.2	9.1	9.2
売上高人件費率（販売管理費内）	9.2	9.1	9.2
売上高研究開発費率	20.2	20.4	18.7
売上高広告宣伝費率	1.3	1.7	1.8
（生産性）			
1人当たりの売上高	74,588,633	76,731,809	49,791,520
1人当たりの営業利益	21,380,482	19,844,524	8,745,323
1人当たりの経常利益	21,157,474	20,087,145	8,920,310
1人当たりの当期利益	15,149,283	13,399,719	4,097,080
1人当たりの営業CF	19,393,915	17,674,235	11,106,088
（効率性）			
ROE	14.41	11.77	6.05
ROA	10.67	8.84	3.90
総資産経常利益率	14.90	13.25	8.50
総資産回転率	0.53	0.51	0.47
売上債権回転率	5.03	4.94	4.73
棚卸資産回転率	2.12	2.31	2.61
仕入債務回転率	4.05	4.07	4.68
売上債権回転期間	72.58	73.89	77.25
棚卸資産回転期間	172.44	157.93	139.93
仕入債務回転期間	90.23	89.58	77.94

出所：有価証券報告書より筆者作成。

（続き）

単位 百万円	連結	年度	
決算期	2013/03期	2013/06期	2014/03期
年/半/四	通期	LTM	会社予想（当期）
連結/単体	連結	連結	連結
ソース	有報	有報	短信
会計基準	日本	日本	日本
（主な経営指標）			
（成長性）			
売上高増加率	3.2	1.2	7.9
営業利益増加率	-53.8	-49.1	14.3
経常利益増加率	-58.1	-54.3	10.5
当期利益増加率	5.7	-46.6	-27.6
EBITDA増加率	-22.1	-17.1	7.4
EPS成長率	5.7		-27.6
潜在株式調整後EPS成長率	5.7		
総資産増加率	10.6	13.4	
従業員増加率	0.6		
（収益性）			
売上高総利益率	71.3	70.7	
EBITDAマージン	20.8	20.1	20.7
売上高営業利益率	7.9	6.9	8.3
売上高経常利益率	7.3	6.3	7.4
売上高税引前利益率	8.3	6.6	
売上高当期利益率	8.4	4.6	5.7
営業CFマージン	19.8	7.3	
売上原価率	28.7	29.3	
売上高販売管理費率	63.4	63.9	
売上高総人件費率	10.9		
売上高人件費率（販売管理費内）	10.9		
売上高研究開発費率	20.8	20.6	
売上高広告宣伝費率	1.6		
（生産性）			
1人当たりの売上高	51,089,761		
1人当たりの営業利益	4,019,061		
1人当たりの経常利益	3,712,739		
1人当たりの当期利益	4,305,764		
1人当たりの営業CF	10,095,108		
（効率性）			
ROE	6.29	3.55	
ROA	3.48	1.97	
総資産経常利益率	3.00	2.69	
総資産回転率	0.41	0.42	
売上債権回転率	4.51	4.46	
棚卸資産回転率	2.11	2.08	
仕入債務回転率	4.06	4.46	
売上債権回転期間	80.89	81.91	
棚卸資産回転期間	173.09	175.21	
仕入債務回転期間	89.96	81.78	

参考文献

Abell, D. F. (1980) *Defining the Business: The Starting Point of Strategic Planning*, Prentice Hall.（石井淳蔵訳『［新訳］事業の定義―戦略計画策定の出発点―』碩学舎，2012年）

Abernathy, W. J. and J. M. Utterback (1978) "Patterns of Industrial Innovation," *Technology Review*, 80(7)：pp.40-47.

Abernathy, William J., Kim B. Clark and Alan M. Kantrow, (1983) *Industrial Renaissance: Producing a Competitive Future for America*（望月嘉幸訳『インダストリアルルネサンス』TBSブリタニカ，1984年）

Acs, Zoltan J. and Steven C. Isberg (1991) "Innovation, Form Size, and Corporate Finance," *Economics Letters*, Vol.35, No.3：pp.323-326.

Allen, T. J. (1977) *Managing the Flow of Technology: Technology Transfer and the Dissemination of Technological Information within the R & D Organization*, MIT Press.

Ansoff, I. (1957) "Strategies for Diversification," *Harvard Business Review*, 35(5)，Sep.-Oct.：pp.113-124.

Barney, J. B. (2002) *Gaining and Sustaining Competitive Advantage*, Second Edition, Prentice Hall.（岡田正大訳『企業戦略論　上　基本編；中　事業戦略編・下　全社戦略編』ダイヤモンド社，2003年）

Bartlett, C. and S. Ghoshal (1989) *Managing Across Borders*, Harvard Business School Press.

Belcher, T. and L. Nail (2000) "Integration problems and Turnaround Strategies in a Cross-border Merger: A Clinical Examination of the Pharmacia-Upjohn Merger," *International Review of Financial Analysis*, 9(2)：pp.219-234.

Brady, Henry E. and David Collier, eds. (2004) *Rethinking Social Inquiry*：*Diverse Tools, Shared Standards*, Rowman & Littlefield.（泉川泰博・宮下明聡訳『社会科学の方法論層：多様な分析道具と共通の基準』勁草書房，2008年）

Bryman, A. (1989) *Research Methods and Organization Studies*, Unwin Hyman.

Burgelman, R. A. and Sayles, L. R. (1986) *Inside Corporate Innovation: Strategy, Structure, and Managerial Skills*, The Free Press.（小林肇監訳，海老沢栄一・小山和伸訳『企業内イノベーション：社内ベンチャー成功への戦略組織化と管理技法』ソーテック社，1987年）

Burgelman, Robert A. (2002) *Strategy Is Destiny*：*How Strategy Making Shapes a*

Company's Future, The Free Press.（石橋善一郎・宇田理監訳『インテルの戦略』ダイヤモンド社，2006年）

Burns, J. and G.M. Stalker（1961）*The Management of Innovation,* Tabistock.

Cassiman, B., M.G. Colombo, P. Garrone and R. Veugelers（2005）"The Impact of M&A in the R&D Process：An Empirical Analysis of the Role of Technological and Market Relatendness", *Research Policy.,* Vol.34, No.2：pp.195-220.

Chesbrough, Henry（2003）*Open Innovation,* Harvard Business School Press.（大前恵一朗訳『OPEN INNOVATION』産業能率大学出版部，2004年）

Chesbrough, Henry, Wim Vanhaverbeke and Joel West（2006）*Open Innovation,* Harvard Business School Press.（RPTM監訳『オープンイノベーション』英治出版，2008年）

Chesbrough, Henry（2006）*Open Business Models,* Harvard Business School Press.（栗原潔訳『オープンビジネスモデル』翔泳社，2007年）

Chesbrough, Henry and Marcel Bogers（2014）"Explicating Open Innovation: Clarifying an Emerging Paradigm for Understanding Innovation" in Henry Chesbrough, Wim Vanhaverbeke and Joel West, eds., *New Frontiers in Open Innovation,* Oxford University Press.

Chesbrough, Henry and Eric L. Chen（2015）"Using Inside-Out Open Innovation to Recover Abandoned Pharmaceutical Compounds," *Journal of Innovation Management,* 3（2）：pp.21-32.

Christensen, C.M.（1997）*The Innovator's Dilemma,* Harvard Business School Press.（玉田俊平太監修，伊豆原弓訳『イノベーションのジレンマ　増補改訂版』翔泳社，2001年）

Christensen, C.M. and M.E. Raynor（2003）*The Innovator's Solution,* Harvard Business School Press.（玉田俊平太監修，櫻井祐子訳『イノベーションへの解増補改訂版』翔泳社，2001年）

Clark, K. B.（1989）"*What Strategy Can Do for Technology,* " *Harvard Business Review,* Vol. 67, No.6：pp.94-98.

Clark, K. B. and T. Fujimoto,（1991）*Product Development Performance: Strategy, Organization, and Management in the World Auto Industry,* Harvard Business School Press.（田村明比古訳『製品開発力：日米欧自動車メーカー20社の詳細調査』ダイヤモンド社，1993年）

Coase, R.H.（1937）"The Nature of the Firm," *Economica,* 4（16）．（宮沢健一・後藤晃・藤垣芳文訳『企業・市場・法』東洋経済新報社，1992年）

Cohen, W.M., R.C. Levin, and D.C.Mowery（1987）"Form Size, and R&D Intensity：

A Re-examination," *The Journal of Industrial Economics*, Vol.XXXV, No.4：pp.543-565.

Cohen, W.M. and D.A. Levinthal (1989) "Innovation and Learning: The Two Faces of R&D," *Economic Journal*, Vol.99：pp.569-596.

Cohen, W.M. and D.A. Levinthal (1990) "Absorptive Capacity: A New Perspective on Learning and Innovation," *Administrative Science Quarterly*, Vol. 35, No. 1, Special Issue: Technology, Organizations, and Innovation (Mar.)：pp. 128-152.

Cohen, W.M. (1995) "Empirical Studies of Innovation Activity" in Stoneman, ed., *Handbook of the Economics of Innovation and Technological Change*, Black-well.

Deeds, D. L. and C. W. L. Hill (1996) "Strategic Alliances and the Rate of New Product Development," *Journal of Business Venturing*, Vol.11：pp.41-55.

Dierickx, I. and K. Cool (1989) "Asset Stock Accumulation and Sustainability of Competitive Advantage," *Management Science*,Vol.35, No.12：pp.1504-1511.

Dosi, G., R. R., Nelson and S. G. Winter, eds. (2000) *The Nature and Dynamics of Organizational Capabilities*, Oxford University Press.

Doz, Y., J. Santos and P. Williamson (2001) *From Global to Metanational*, Harvard Business School Press.

Dunning, J. (1993) *Multinational Enterprises and the Global Economy*, Addison-Wesley.

Dyer, Jeffrey H., Prashant Kale and Harbir Singh (2004) "When to Ally and When to Acquire," *Harvard Business Review*, Vol. 82(7-8), No.6：pp.108-115,188. (鈴木泰雄訳「提携すべき時，買収すべき時」『DIAMONDハーバードビジネスレビュー』2005年2月号：pp.64-75)

Eisenhardt, K.M. (1989) "Building Theories from Case Study Research," *Academy of Management Reviw*, 14(4)：pp.532-550.

Foster, Richard N. (1986) *Innovation*, Summit Books. (大前研一訳『イノベーション：限界突破の経営戦略』TBSブリタニカ，1987年)

Freeman, C. (1982) *The Economics of Industrial Innovation*, 2nd. ed., Frances Printer.

Grant, R.M. (1996) "Toward A Knowledge-based Theory of the Firm," *Strategic Management Journal*, 17 (S2): pp.109-122.

Hamel, G. and C.K. Prahalad (1994) *Competing for the Future*, Harvard Business School Press. (一条和生訳『コア・コンピタンス経営：大競争時代を勝ち抜く戦略』日本経済新聞社，1995年)

Hayward, L. A. Mathew（2002）"When Do Firms Learn from Their Acquisition Experience?: Evidence from 1990-1995," *Strategic Management Journal*, Vol.23, No1.：pp.21-39.

Helfat, Constance E., Sydney Finkelstein, Will Mitchell, Margaret A. Peteraf, Harbir Singh, David J. Teece and Sidney G. Winter（2007）*Dynamic Capabilities*：*Understanding Strategic Change in Organization,* Wiley Blackwell.（谷口和弘・蜂巣旭・川西章弘訳『ダイナミック・ケイパビリティ：組織の戦略変化』勁草書房，2010年）

Henderson, B.（1973）"The Experience Curve - Reviewed Ⅳ. Growth Share Matrix or the Product Portfolio," Boston Consulting Group.

Henderson, Rebecca and Iain Cockburn（1996）"Scale, Scope, and Spillovers：The Determinants of Research Productivity in Drug Discovery," *RAND Journal of Economics*, Vol.27, No.1：pp.32-59.

International Federation of Pharmaceutical Manufacturers & Association（2012）「バイオ医薬品」

Kast, F. and J. Rosenzweig（1973）*Contingency View of Organization and Management,* Science Resarch Insititute.

King, Gary, Robert O. Keohana and Sidney Verba（1994）*Designing Social Inquiry*, Princeton University Press.（真渕勝監訳『社会科学のリサーチ・デザイン：定性的研究における科学的推論』勁草書房，2004年）

Kline, S. J.（1990）*Innovation Styles in Japan and the United States*, Stanford University Press.（鴨原文七訳『イノベーション・スタイル：日米の社会技術システム変革の相違』アグネ承風社，1992年）

Kneller, Robert（2010）"The Importance of New Companies for Drug Discovery," - *Nature Reviews Drug Discovery*, Vol.9：pp.867-882.

Kneller, Robert（2010）"Importance of New Companies for Drug Discovery: Origins of a Decade of New Drugs," *Nature Reviews Drug Discovery*, No.9：pp.867-882.

Langlois, Richard N. and Paul L. Robertson（1995）*Firms, Markets, and Economic Change*：*A Dynamic Theory of Business Institutions*, Routledge.（谷口和広訳『企業制度の理論：ケイパビリティ・取引コスト・組織境界』NTT出版，2004年）

Laursen, Keld and Ammon Salter（2006）"Open Innnovation:the Role of Openness in Explaining Innovation Performance Among U.k. manufacturing Firms," *Strategic Management Jornal*, Vol.27：pp.131-150.

Lawrence, P.R. and J.W. Lorsch（1967）*Organization and Enviroment*：*Managing Differentiation and Integration*, Harvard Bussiness School Press, Division of Resaerch.（吉田博訳『組織の条件適応理論』産業能率短期大学出版部，1977年）

Lichtenthaler, U. and E. Lichtenthaler,（2009）'A Capability-based Framework for Open Innovation: Complementing "Absorptive Capacity," *Journal of Management Studies*, 46(8)：pp.1315-1338.

Lieberman, Marvin B. and David B. Montgomery（1988）"First-mover Advantages," *Strategic Management Journal*, 9：pp.41-58.

Luthans, F.（1976）*Introduction to Management*：*A Contingency Approach*, Mac-Graw-Hill.

Malnight, T. W.（1995）"Globalization of an Ethnocentric Firm," *Strategic Management Journal*, Vol.16：pp.119-141.

March, J.G.（1991）"Exploration and Exploitation in Organizational Learning," *Organization Science*, 2 (1)：pp.71-87.

McMahon, J.T.（1974）"Contingency Theory：Present Status and Future Research Direction," workingpaper, University of Houston.

Miles, R.E. and C.C. Snow（1978）*Organizational Strategy, Structure and Process*, McGraw-Hill.（土屋守章・中野崇・中野工訳『戦略型経営：戦略選択の実践シナリオ』ダイヤモンド社，1983年）

Mintzberg, H., B. Ahlstrand and J. Lampel（1998）*Strategy Safari*：*A Guided Tour through the Wilds of Strategic Management*, The Free Press.（斎藤嘉則監訳，木村充・奥澤朋美・山口あきも訳『戦略サファリ』東洋経済新報社，1999年）

Nahavandi, A. and A.R. Malekzadeh（1988）"Acculturation in Mergers and Acquisions," *Academy of Management Review*, Vol.13, No.1：pp.79-90.

Noci, G. and R. Verganti（1999.）"Managing Green Product Innovation in Small Firms," R&D Management, 29(1): pp.3-15.

Noci, Giuliano and Roberto Verganti（1999）"Managing 'Green' Product Innovation in Small Firms," *R&D Management*, Vol.29, No.1：pp.13-14.

Okada, Y. and S. Asaba（1997）"The Patent System and R&D in Japan," in A. Goto and H. Odagiri, eds., *Innovation in Japan*, Oxford University Press.

O'Reilly, Charles A. and Michael L.Tushman,（2004）"The Ambidextrous Organization," *Harvard Business Review*, Vol.82, No.4. April：pp.74-81.

O'Reilly, Charles A. and Michael L. Tushman,（2011）"Organizational Ambidexterity in Action: How Managers Explore and Exploit," *California Management*

Review, 53: pp.1-18.

Ornaghi, C. (2009) "Mergers and Innovation in Big Pharma," *International Journal of Industrial Organization*, Vol.27, No.1：pp.70-79.

Owen-Smith, J. and W.W. Powell (2004) "Knowledge Networks as Channels and Conduits：The Effects of Spillovers in the Boston Biotechnology Community," *Organizational Science*,Vol.15, No.1：pp.5-17.

Penrose, E. (1959) *The Theory of the Growth of the Firm*, Oxford University Press. (日高千影訳『企業成長の理論（第三版）』ダイヤモンド社, 2010年)

Phillips, W., H., Noke, J. Bessant, and R. Lamming (2006) "Beyond the Steady State：Managing Discontinuous Product and Process Innovation," *International Journal of Innovation Management*, Vol.10, No.2, pp.175-196.

Pisano, G.P. (2006) *Science Business*, Harvard Business School Press. (池村千秋訳『サイエンス・ビジネスの挑戦』日経BP社, 2008年)

Porter, Michael E. (1980) *Competitive Strategy*, The Free Press. (土岐坤・中辻萬治・服部照夫訳『競争の戦略』ダイヤモンド社, 1982年)

Porter, Michael E. (1985) *Competitive Advantage*, The Free Press. (土岐坤・中辻萬治・小野寺武夫訳『競争優位の戦略：いかに高業績を維持させるか』ダイヤモンド社, 1985年)

Porter, Michael E. (1990) "The Competitive Advantage of Nations," *DHB*, June-July. (土岐坤訳「何が国の競争優位をもたらすか」HBR 3-4月号, 1990年)

Porter, Michael E. (1998) *On Competition*, Harverd Business School Press. (竹内弘高訳『競争戦略論Ⅰ・Ⅱ』ダイヤモンド社, 1999年)

Prahalad, C. K., Y. Doz, and R. Angelmar (1989) "Assessing The Scope of Innovation: A Dilemma for Top Management," in R. S., Rosenbloom, ed., *Research on Technological Innovation, Management and Policy, Vol. 4*, JAI Press.

Rosenbloom, R.S. and W.J. Spencer (1996) *Engines of Innovation:U.S.Industrial Research at the End of an Era*, Harverd Business School Press. (西村吉雄訳『中央研究所の時代の終焉：研究開発の未来』日経BP, 1998年)

Rothaermel, F. T. and D. L. Deeds (2006) "Alliance Type, Alliance Experience and Alliance Management Capability in High-technology Ventures," *Journal of Business Venturing*, Vol.21：pp.429-460.

Royston, M.R. (1989) *Serendipity：Accidental Discoveries in Science*, John Wiley & Sons. (安藤喬志訳『セレンディピティー：思いがけない発見・発明のドラマ』化学同人, 1993年)

Rumelt, R. P. (1974) *Strategy, Structure, and Economic Performance*, Harvard university Press.（鳥羽欽一郎・山田正喜子・川辺信雄・熊沢孝訳『多角化戦略と経済成果』東洋経済新報社, 1977年）

Rumelt, R. P. (1984) "Toward a Strategic Theory of the Firm," in R.Lamb, ed., *Competitive Strategic Management*, Prentice Hall.

Scherer, F.M. (1967) "Market Structure and the Employment of Scientists and Engineers," *American Economic Review,* 57：pp.524-31.

Schmookler, J. (1966) *Invention and Economic Growth,* Harvard University Press.

Schumpeter, J. A. (1934) *The Theory of Economic Development*, Oxford Univerity Press.（塩野谷祐一・中山伊知郎・東畑精一訳『経済発展の理論』岩波書店, 1977年）

Schumpeter, J. A. (1942) *Capitalism, Socialism, and Democracy,* 3rd ed., Harper & Row.（中山伊知郎・東畑精一訳『資本主義・社会主義・民主主義』東洋経済新報社, 1995年）

Shimizu, K., M. A., Hitt, D. Vaidyanath, and V. Pisano, (2004) "Theoretical Foundations of Cross-border Mergers and Acquisitions: A Review of Current Research and Recommendations for the Future," *Journal of International Management*, 10：pp.307–353.

Shleifer, A. and R. W. Vishny (1989) "Management Entrenchment: The Case of Manager-specific Investments." *Journal of Financial Economics*, 25 (1)：pp.123-139.

Shleifer, A. and R. W. Vishny (2003) "Stock Market Driven Acquisitons," *Journal of Financial Economics,* 70：pp.295-311.

Tanaka, Erika, Mikio Momoeda, Yutaka Osuga, Bruno Rossi, Ken Nomoto, Masakane Hayakawa, Kinya Kokubo and Edward C. Y. Wang (2014) "Burden of Menstrual Symptoms in Japanese Women：An Analysis of Medical Care-seeking Behavior from a Survey-based Study," *International Journal of Women's Health,* No.6：pp.11-23.

Tanaka, Erika, Mikio Momoeda, Yutaka Osuga, Bruno Rossi, Ken Nomoto, Masakane Hayakawa, Kinya Kokubo and Edward C. Y. Wang (2013) "Burden of Menstrual Symptoms in Japanese Women: Results from a Survey-based Study," *Journal of Medical Economics,* Vol.77, No.7：pp.1-12.

Teece, D. and G. Pisano (1994) "The Dynamic Capabilities of Firms: An Introduction," *Industrial and Corporate Change*, Vol. 3, No. 3：pp.537-556.

Teece, D. J., G. Pisano, and A. Shuen (1997) "Dynamic　Capabilities and Strategic

Management," *Strategic Management Journal*, Vol.18, Issue 7, pp.509-533.

Teece, D. J.（2007）"Explicating Dynamic Capabilitie：The Nature and Micro-foundations of（Sustainable）Enterprise Performance," *Strategic Management Jornal*, Vol.28, Issue 13：pp.1319-1350.（渡部直樹編著『ケイパビリティの組織論・戦略論』中央経済社, 2010年所収）

Teece, D. J.（2009）*Dynamic Capabilties and Strategic Management*：*Organizing for Innovation and Growth,* Oxford University Press.（谷口和弘・蜂巣旭，川西章弘・ステラ S.チェン訳『ダイナミック・ケイパビリティ戦略』ダイヤモンド社，2013年）

Tidd, Joe, John Bessant and Keith Pavitt（2001）*Managing Innovation*, 2nd. ed., John Wiley & Sons.（後藤晃・鈴木潤訳『イノベーションの経営学』NTT出版, 2004年）

Tushman, M. and C. O'Reilly（1996）"Ambidextrous Organaizations：Managing Evolutionary and Revolutionary Change," *California Management Review,* Vol.38, No.4: pp.8-30.

Utterback, J. M.（1994）*Mastering the Dynamics of Innovation,* Harvard Business School Press.（大津正和・小川進監訳『イノベーション・ダイナミクス』有斐閣，1998年）

von Hippel, Eric（2005）*Democratizing Innovation,* The MIT Press.（サイコム・インターナショナル監訳『民主化するイノベーションの時代：メーカー主導からの脱皮』ファーストプレス, 2006年）

Werner, Steve（2002）"Recent Developments in International Management Research: A Review of 20 Top Management Journals," *Journal of Management*, Vol.28,No.3：pp. 277-305.

Williamson, O.E.（1975）*Markets and Hierarchy,* The Free Press.（浅沼萬里・岩崎晃訳『市場と企業組織』日本評論社, 1980年）

Woodward, Joan（1955）*Indutrial Organization*；*Theory and Practice,* Oxford University Press.（矢島欽次・中村寿雄訳『新しい企業組織』日本能率協会, 1970年）

Yin, Robert K.（1994）*Case Study Research 2/e,* Sage Publications.（近藤公彦訳『ケーススタディーの方法（第2版）』千倉書房, 1996年）

Yoshino, M. Y. and U. S. Rangan（1995）*Strategic Alliance,* Harvard Business School Press.

相原基大（2000）「企業の境界デザイン」北海道大学『経済学研究』49(4)：pp.62-78。

浅川和宏（2003）『グローバル経営入門』日本経済新聞社。

浅川和宏・中村洋（2005）「製薬企業の研究者レベルにおける研究成果達成の条件：内外コラボレーションを通じたナレッジ獲得の効果」『経営行動科学』Vol. 18, No. 3:pp. 223-234.

浅川和宏（2006）「メタナショナル経営論における論点と今後の研究方向性」『組織科学』Vol.40, No.1：pp.13-25。

浅川和宏（2011）『グローバルR&Dマネジメント』慶應義塾大学出版会。

浅羽茂（2004）『経営戦略論の経済学』日本評論社。

芦田耕一・新藤晴臣・木村廣道（2007）「バイオベンチャーにおける事業コンセプト形成」『ベンチャーズ・レビュー』No.9：pp.43-52。

安部忠彦（2003）「なぜ企業のR&Dが利益に結びつきにくいのか」富士通総研経済研究レポートNo.178。

姉川知史（1996）「製薬企業の基礎研究—特許データによる日米企業の国際比較—」『医療と社会』Vol.5, No.4：pp.49-64。

姉川知史(1997a)「日本の製薬産業の国際競争力」『慶應経営論集』第14巻，第1号。

姉川知史(1997b)「製薬企業の企業価値と研究開発」『医療と社会』Vol.6,No.4：pp.69-85。

姉川知史（2000）「医薬品産業のM&Aの費用と効果：日本における企業買収の可能性」『医療と社会』Vol.10, No.1：pp.31-56。

姉川知史（2002）「日本の医薬品産業：その成功と失敗」『医療と社会』Vol.12, No.2。

安藤史江（2001）『組織学習と組織内地図』白桃書房。

安藤史江・上野正樹（2013）「両利きの経営を可能にする組織学習メカニズム—焼津水産化学工業株式会社の事例から」『赤門マネジメント・レビュー』12（6）：pp.429-456。

生稲史彦（2012）『開発生産性のジレンマ：デジタル化時代のイノベーション・パターン』有斐閣。

泉田成美・柳川隆（2008）『産業組織論』有斐閣アルマ。

伊地知寛博・小田切宏之（2006）「全国イノベーション調査による医薬品産業の比較分析」科学技術政策研究所 Discussion Paper No.43。

井田聡子・隅藏康一・永田晃也（2007）「製薬企業におけるイノベーションの決定要因」『医療と社会』Vol.17, No.1：pp.101-111。

井田聡子・隅藏康一・永田晃也（2009）「製薬企業間の合併とイノベーションの決定要因」『医療と社会』Vol.19, No.2：pp.169-191。

井田聡子・永田晃也・隅藏康一（2011）『医薬品産業における企業境界の変化がイ

　　ノベーションに及ぼす影響に関する分析』文部科学省科学技術政策研究所。

伊藤邦雄（2010）『医薬品メーカー勝ち残りの競争戦略』日本経済新聞出版社。

伊藤友則（2012）「日本企業のクロスボーダーM&A：日本たばこ産業の事例に見る10の成功要因」『一橋ビジネスレビュー』第60巻，第1号：pp.92-106。

伊藤友則（2013）「クロスボーダーM&Aと経営」『一橋ビジネスレビュー』第60巻，第4号：pp.28-44。

井上光太郎（2006）「日米のM&Aと株式市場の評価：サーベイ」名古屋市立大学経済学会ディスカッション・ペーパー第432号。

井上光太郎・奈良沙織・山崎尚志（2013）「検証：日本企業はクロスボーダーM&Aが本当に不得意なのか？」『一橋ビジネスレビュー』第60巻，第4号：pp.100-116。

稲水伸行（2014）『流動化する組織の意思決定』東京大学出版会。

医薬産業政策研究所（2001）『我が国の製薬産業』日本製薬工業協会。

医薬産業政策研究所リサーチペーパー・シリーズ（2007）「日本における新医薬品の承認審査期間 −2007年度調査−」No. 37。

医薬産業政策研究所リサーチペーパー・シリーズ（2010）「日本における新薬の臨床開発と承認審査の実績―2000〜2009年承認品目―」No. 50。

岩田智（2007）『グローバル・イノベーションのマネジメント』中央経済社。

漆原良一（2007）『医薬品』日本経済新聞出版社。

遠藤久夫・田中信朗（1997）「我が国の医薬品産業の国際競争力の現状と可能性」『医療と社会』Vol.7, No.1：pp.46-70。

大久保功・佐山展生（2013）「日本のクロスボーダーM&Aの現状」『一橋ビジネスレビュー』第60巻，第4号：pp.6-26。

大西宏一郎・永田晃也（2010）「医薬品産業におけるM&Aが研究開発・知的財産活動に与える影響」『日本知財学会誌』Vol.7, No.1：pp.37-44。

岡田正大（2001）「RBVの可能性：ポーターvs.バーニー論争の構図」『DIAMONDハーバードビジネスレビュー』5月号：pp.88-92。

岡田羊祐・河原朗博（2000）「日本の医薬品産業における特許指標と技術革新」医薬産業政策研究所リサーチペーパー・シリーズNo.5。

岡田羊祐・河原朗博（2002）「日本の医薬品産業における研究開発生産性―規模の経済性・範囲の経済性・スピルオーバー効果―」医薬産業政策研究所リサーチペーパー・シリーズNo.9。

岡部光明・関晋也（2006）「日本における企業M&A（合併および買収）の効果−経営安定かと効率化に関する実証分析−」慶応大学総合政策学ワーキングペーパ

ーシリーズ,No. 107。

岡室博之（2005）『スタートアップ期中小企業のR&Dの決定要因』REITI Discussion
　　Paper Series 05-J-015。

小川紘一（2014）『オープン＆クローズ戦略』翔泳社。

小田切宏之・羽田尚子・本庄裕司（1997）「製薬企業における研究開発の効率性と
　　企業価値」『医療と社会』Vol.7, No.1：pp.34-45。

小田切宏之（2001）『新しい産業組織論─理論・実証・政策』有斐閣。

小田切宏之（2006）『バイオテクノロジーの経済学─「越境するバイオ」のための
　　制度と戦略』東洋経済新報社。

小田切宏之（2009）「医薬品産業における提携」元橋一之編『日本のバイオイノベー
　　ション』白桃書房。

小田切宏之・中村健太（2010）「特許による専有可能性と企業の境界の相互作用」
　　『日本知財学会誌』Vol.7, No.1：pp.4-13。

金子秀（2006）『研究開発戦略と組織能力』白桃書房。

絹川真哉・元橋一之（2009）「医薬品提携の統計分析」元橋一之編『日本のバイオイ
　　ノベーション』白桃書房。

桑嶋憲一（1996）「戦略的提携」高橋伸夫編著『未来傾斜原理』白桃書房。

桑嶋健一・高橋伸夫（2001）『組織と意思決定』朝倉書房。

桑嶋健一（2006）『不確実性のマネジメント─新薬創出のR&Dの「解」』日経BP社。

桑嶋健一（2010）「医薬品のイノベーションプロセスとマネジメント─武田薬品「ロ
　　ゼレム」の事例分析」『赤門マネジメント・レビュー』第9巻，12号：pp.873-
　　917。

櫛貴仁・藤原尚也・山本光昭（2003）「財務データからみた製薬企業の10年」医薬産
　　業政策研究所リサーチペーパー・シリーズNo.13。

玄場公規・玉田俊平太・児玉文（2005）「科学依存型の産業」RIETI Discussion Paper
　　Series 05-J-009

厚生労働省医政局経済課（各年）『医薬品・医療機器産業実態調査』厚生労働省。

厚生労働省医政局経済課（2007）『新医薬品産業ビジョン』厚生労働省。

厚生労働省医政局経済課（2013）『新医薬品産業ビジョン』厚生労働省。

小久保欣哉・新藤晴臣（2012）「日本の製薬企業による国際展開に関する考察─海
　　外企業との提携と保有資源の視点から─」『国際ビジネス研究』第4巻，第1
　　号：pp.81-93。

小久保欣哉（2012）「日本の製薬企業のイノベーションに影響を与える要因分析」
　　『研究技術計画』Vol.27, No.1/2：pp.17-26。

小久保欣哉（2013）「国内製薬企業の企業間合併と技術提携がイノベーションの本

源的要因に与える影響」『PDA Journal of GMP Validation in Japan』Vol.15, No.1：pp.1-9。

小久保欣哉（2014a）「技術優位性か組織能力の蓄積か―医薬品基礎研究者における模倣困難性の構築―」『Transactions of the Academic Association for Organizational Science』Vol. 3, No.1：pp.14-19。

小久保欣哉（2014b）「医薬品研究者レベルにおける基礎研究の成果獲得に影響する要因・競合他社からの模倣困難性構築の効果」『PDA Journal of GMP Validation in Japan』Vol.12, No.2：pp.38-46。

小久保欣哉（2014c）「日本の製薬企業によるクロスボーダーM&A―武田薬品工業を事例に―」『国際ビジネス研究』Vol.6, No.2：pp.93-104。

児玉文雄（1991）『ハイテク技術のパラダイム：マクロ技術の体系』中央公論社。

後藤晃（1997）「イノベーションの経済分析」『ビジネスレビュー』Vol.45, No.1：pp.64-69。

後藤晃（2000）『イノベーションと日本経済』岩波新書。

後藤晃・永田晃（1997）『イノベーションの専有可能性と技術機会』科学技術庁科学技術政策研究所。

後藤晃・古賀款久・鈴木和志（1997）『R&Dの決定要因：企業規模別分析』科学技術庁科学技術政策研究所。

後藤晃・古賀款久・鈴木和志（2002）「我が国製造業におけるR&Dの決定要因」『経済研究』Vol.53, No.1：pp.18-23。

後藤晃・小田切宏之（2003）『サイエンス型産業』NTT出版。

後藤晃・児玉俊洋（2006）『日本のイノベーション・システム』東京大学出版会。

榊原清則・辻本将晴（2003）「日本企業の研究開発の効率性はなぜ低下したのか」ESRI Discussion Paper Series No.127。

榊原清則（2005）『イノベーションの収益化：技術経営の課題と分析』有斐閣。

澤田直宏・中村洋・浅川和宏（2010）「オープン・イノベーションの成立条件―本社の経営政策および研究所の研究開発プロセスと研究開発パフォーマンスの観点から―」『研究技術計画』25巻1号, pp. 55-67。

柴山創太郎・谷川国洋・河野順・田中伸朗・江端貴子・仙石慎太郎・木村廣道（2007）「日本製薬企業のM&A 成立前プロセスの分析－アステラス製薬誕生の事例研究－」『医療と社会』Vol.16, No.1：pp.249-273。

嶋口充輝・内田和成・黒岩健一郎編著（2009）『1からの戦略論』中央経済社。

新宅純二郎（1994）『日本企業の競争戦略：成熟産業の技術転換と企業行動』有斐閣。

新藤晴臣・小久保欣哉（2013）「日本のバイオ産業における生体構造に関する考察

　　―製薬メーカーによるバイオベンチャーとの技術提携の視点から―」『創造都市研究』第9巻，第1号（通巻14号）：pp.9-23。

末次浩詩・本谷高寛・小久保欣哉（2013）「リアルオプションを活用した医薬品開発プロジェクトのポートフォリオ設計」『リアルオプション研究』Vol.6, No.3：pp.17-29。

杉田健一（2006）『医薬品業界の特許事情』薬事日報社。

鈴木竜太（2013）『関わりあう職場のマネジメント』有斐閣。

関本浩矢（2006）『研究開発の組織行動』中央経済新報社。

総務省統計局（各年）『科学技術研究調査報告』日本統計協会。

高橋伸夫・稲水伸行（2007）「NIH症候群とは自前主義のことだったのか?」『赤門マネジメント・レビュー』第6巻，7号：pp.275-280。

武石彰（2003）『分業と競争：競争優位のアウトソーシング・マネジメント』有斐閣。

立本博文・小川紘一（2010）「欧州のイノベーション政策：欧州型オープン・イノベーション・システム」『赤門マネジメント・レビュー』第9巻，12号：pp.849-871。

寺本民生・小久保欣哉・本谷高寛・八浪暁（2013）「動脈硬化症疾患予防ガイドライン2012年版におけるスタチンによるコレステロール管理の疫学研究」『薬理と治療』Vol.41, no.5：pp.415-424。

寺本民生・小久保欣哉・正路章子（2014）「動脈硬化性疾患予防ガイドライン2012年版におけるスタチンによるコレステロール管理目標到達への影響因子の探索」『薬理と治療』Vol.42, No.2：pp.97-106。

冨田健司（2010）「日米製薬企業間の戦略的提携における信頼構築」『組織科学』Vol.43, No.3：pp.18-32。

内閣府（2002）『平成14年版経済財政白書』国立印刷局。

内閣府（2005）『平成17年版経済財政白書』国立印刷局。

内閣府（2005）「我が国企業のイノベーション活動の分析」経済財政分析ディスカッション・ペーパー。

中内基博（2002）「研究開発組織における技術知識の獲得とパフォーマンスの関係性―吸収能力と外部アクセスおよび技術の多角化の観点から―」『産業経営』第33号：pp.39-66。

長岡貞男・後藤晃（2003）『知的財産制度とイノベーション』東京大学出版会。

中川弘一（2011）『技術革新のマネジメント』有斐閣。

永田晃也・後藤晃（1998）「サーベイデータによるシュムペーター仮説の再検討」『ビジネスレビュー』Vol.45, No.3：pp.38-47。

永田晃也・篠崎香織・長谷川光一（2010）「M&Aに伴う企業境界の変化が研究開発に及ぼす影響」『日本知財学会誌』Vol.7, No.1：pp.45-53。

中村公一（2003）『M&Aマネジメントの競争優位』白桃書房。

中村豪（2009）「日本の製薬業における共同開発」元橋一之編『日本のバイオイノベーション』白桃書房。

中村洋（2006）「経営資源・ケイパビリティー理論とSCP理論の動学的補完関係に関する一考察—内部資源の蓄積・活用と業界構造変化の相互作用の観点から—」『組織科学』第40巻，第1号：pp.60-73。

中村洋（2009）『ライフサイエンスの産業経済分析』慶応義塾大学出版。

南部鶴彦編（2002）『医薬品産業組織論』東京大学出版会。

西村淳一・岡田羊祐（2009）「日本の創薬系バイオベンチャーの成長要因」元橋一之編『日本のバイオイノベーション』白桃書房。

西村裕二（2013）「継続的に利益ある成長を実現するM&A」『一橋ビジネスレビュー』第60巻，第4号：pp.46-61。

日本製薬工業協会（2000）『製薬産業の国際化の現状』医薬出版センター。

沼上幹（1995）「個別事例研究の妥当性について」『ビジネスレビュー』第42巻，第3号：pp.50-70。

沼上幹（2000）『行為の経営学』白桃書房。

延岡健太郎（2006）『MOT（技術経営）入門』日本経済新聞社。

延岡健太郎（2007）「組織能力の積み重ね：模倣されない技術力とは」『組織科学』Vol. 40, No. 4: pp. 4-14。

原陽一郎（2001）「国際競争力とは何か」『長岡大学紀要』創刊号。

原田勉（2014）『イノベーション戦略の論理』中公新書。

バイオインダストリー協会（2011）『2011年バイオベンチャー統計・動向調査報告書』一般財団法人バイオインダストリー協会。

一橋大学イノベーション研究センター編（2003）『イノベーション・マネジメント入門』日本経済新聞社。

平井孝志（2012）『日本の収益不全』白桃書房。

藤本隆宏（1997）『生産システムの進化論：トヨタ自動車にみる組織能力と創発プロセス』有斐閣。

藤本隆宏（2003）『能力構築競争』中央新書。

藤原尚也・櫛貴仁・山本光昭・小野塚修二（2004）「国際比較にみる日本製薬企業」医薬産業政策研究所リサーチペーパー・シリーズNo.23。

古井仁（1999）「技術革新の専有可能性と特許制度」『東京大学経済学研究』No.41：pp.59-72。

ポーター，マイケル E.・竹内弘高（2000）『日本の競争戦略』ダイヤモンド社。

星野達也（2015）『オープン・イノベーションの教科書』ダイヤモンド社。

蓑谷千凰彦（1998）『計量経済学［第3版］』東洋経済新報社。

宮崎浩伸（2005）「M&AかR&Dか：医薬品産業における成長戦略の実証分析」『医療と社会』Vol.15, No.2：pp.51-61。

村上路一（2000）「危機意識から生まれたイノベーション・マネジメント」『Works』No.37（1月号）：pp.10-13。

真鍋誠司・安本雅典（2010）「オープン・イノベーションの諸相─文献サーベイ─」『研究技術計画』Vol.25, No.1：pp.8-35。

元橋一之（2003）「バイオテクノロジーの進展と医薬品の研究開発プロセスの変化」一橋大学イノベーション研究センター IIR Working Paper, No.03-07。

元橋一之編（2009）『日本のバイオイノベーション：オープン・イノベーションの進展と医薬品産業の課題』白桃書房。

元橋一之編（2014）『提携マネジメント：米国の実践論と日本企業への適用』白桃書房。

森下芳和・川上裕（2005）「技術革新が医薬品開発に与える影響」医薬産業政策研究所リサーチペーパー・シリーズ No.27。

森本博行（2004）「多角化の不経済からの脱却：好業績メーカーの収益モデル」『DIAMOND ハーバードビジネスレビュー』9月号：pp.46-58。

文部科学省科学技術研究所（2004）『全国イノベーション調査統計報告』科学技術政策研究所調査資料 No.110。

文部科学省科学技術研究所第2研究グループ（2010a）『国際比較を通じた我が国のイノベーションの現状』科学技術政策研究所調査資料 No.68。

文部科学省科学技術研究所第2研究グループ（2010b）『平成21年度民間企業の研究活動に関する調査報告』科学技術政策研究所調査資料 No.143。

山内勇・長岡貞男（2010）「合併は技術開発・利用能力を高めるか？」『日本知財学会誌』Vol.7, No.1：pp.14-27。

山崎基寛（2013）「製薬企業の経営戦略にパラダイムシフトか：製薬企業におけるオープン・イノベーションとライセンシング」『日薬理誌』No.142: pp.28-31。

山田武（2001）「医薬品開発における期間と費用」医薬産業政策研究所リサーチペーパー・シリーズ No.8。

山田武（2005）「研究開発費と効率的な研究開発」『医療と社会』Vol.15, No.1：pp.25-41。

吉森賢（2007）『世界の医薬品産業』東京大学出版会。

参考資料

アステラス製薬ホームページ（http://www.astellas.com/jp/）

厚生労働省ホームページ（http://www.ono.co.jp/）

国際商業出版『製薬企業の実態と中期展望（各年）』

シードプランニング『2010-11年版　医薬品開発戦略分析総合調査　第1巻・第2巻』

塩野義製薬ホームページ（http://www.cris.hokudai.ac.jp/cris/rbp/shionogi/shionogi01.html/http://www.shionogi.co.jp/finds/）

武田薬品工業株式会社（1983）『武田二百年史』

武田薬品工業ホームページ（http://www.takeda.co.jp/）

武田薬品工業有価証券報告書（各年）

日本ジェネリック製薬協会ホームページ（http://www.jga.gr.jp/）

「編集長インタビュー：武田國男」『プレジデント』2006年5月29日号

「米国での利益が急拡大する医薬品メーカー」『週刊エコノミスト』2007年8月13日号

『朝日新聞』2008年4月2日

『日本経済新聞』2008年4月11日

「タケダイズム：実践し世界的製薬企業へ飛躍」『DRUG magazine』2008年10月号

「企業特集：武田薬品工業」『週刊エコノミスト』2009年5月16日号

「編集長インタビュー：武田國男」『週刊エコノミスト』2009年4月11日号

「特集：武田も揺るがす「2010年問題」」『NIKKEI BUSINESS』2010年7月5日号

「国内首位陥落のリスクを冒し武田薬品が欧州社を巨額買収」『週刊エコノミスト』2011年5月28日号

「巨額買収で『のれん』が大量発生　市場開拓と製品買収が至上命題に」『週刊エコノミスト』2011年7月16日号

「編集長インタビュー：長谷川閑史」『NIKKEI BUSINESS』2011年7月25日号

『日本経済新聞』2011年9月26日

「伝統と変革」『世界経営者会議』2011年10月24日

『日本経済新聞』2011年10月25日

2012 Pharmaceutical Industry Profile（http://www.phrma.org/sites/default/files/pdf/phrma_industry_profilc.pdf）

「M&Aを梃子にしたグローバル成長戦略」『経済同友会CFO懇話会資料』2012年6月5日

「タケダの革新への挑戦とコーポレートガバナンス」『監査役全国会議資料』2012 年
　　10 月 4 日

Nomura アナリストレポート『医薬品セクター：2013 年の展望』2012 年 12 月

「見えた長谷川改革の全貌　武田薬品，復活への格闘」『週刊東洋経済』2013 年 2 月
　　2 日号

Citi アナリストレポート『医薬品株式分析：中長期的な成長力を見極める』2013 年
　　6 月

「特別講演：日本の課題・日本企業がとるべき戦略」『グローバル経営』2013 年 7/8
　　月合併号

「次世代リーダーに向けて」『経済同友会リーダーシップ・プログラム資料』2013 年
　　9 月 7 日

『日本経済新聞』2013 年 12 月 1 日

『日本経済新聞』2014 年 1 月 10 日

「病める製薬 王者タケダの暗雲」『週刊ダイヤモンド』2014 年 6 月 28 日号

武田薬品工業ホームページ（2015 年 6 月 24 日）

日本製薬工業協会『Data Book（各年)』医薬出版センター

矢野経済研究所『医薬産業年鑑（各年)』

矢野経済研究所『医薬品関連企業調査年報（各年)』

事項索引

人名索引

謝辞

本研究は，筑波大学大学院ビジネス科学研究科での博士論文の取組みがはじまりとなっています。本研究を進めるにあたり終始あたたかいご指導と激励を賜りました，筑波大学大学院ビジネス科学研究科（現東京大学大学院経済学研究科）准教授稲水伸行先生に心から感謝の意を表します。私が曲がりなりにも3年間で博士論文をまとめることができたのは，稲水先生が研究のやりがいと面白さを常に私に示してくださり，なかなか進まない研究の進捗に辛抱強く付き合ってくださったからに他なりません。最後まであきらめずに取組むことができました。この経験は今後の研究を進めていく糧になるものであると実感しております。

また，筑波大学大学院ビジネス科学研究科教授立本博文先生，准教授領家美奈先生には研究に関して多大なるご指導をいただきました。研究に取組む姿勢や研究に関する困難克服のための具体的な方策までていねいに教えていただきました。心から御礼申し上げます。立本先生におかれましては博士号取得後の研究の方向性についてもアドバイスをくださいました。重ねて御礼申し上げます。

修士学生時代の私に，経営学研究の楽しさを教えてくださいました首都大学東京大学院社会科学研究科名誉教授の森本博行先生に深く御礼申し上げます。ソニー（株）から大学教員へと転進されたばかりの森本先生の第1期生として実践的な経営学を学ぶ機会をいただいたことが，のちに経営学の博士後期課程に進学して研究する大きな契機となっています。森本先生の「競争戦略論」の講義が，当時社会人修士学生であった私には，とても刺激的かつ明快でイノベーション分野の研究を深めたいと考える重要な動機になりました。また，博士後期課程の進学以前から公私ともに親身に相談にのっていただいた大阪市立大学大学院創造都市研究科教授の新藤晴臣先生に厚く御礼申し上げます。学会での共同研究を通じて，沢山のことをご教示いただきました。研究のみならず至らない私に，いつも快くお力添え頂いており，感謝の気持ちしかありません。

事例研究に際しては，お忙しい中インタビューにご協力いただいた，武田

薬品工業の皆様に厚く感謝します。シンバイオ製薬の吉田文紀社長におかれましては，ご多忙の中貴重なお時間を複数回頂いたことを御礼申し上げます。日本の医薬品産業の現状と課題について，これまでのご経験に基づく有意義なコメントを頂きました。

　さらに日本の製薬企業を対象にした研究を進めるにあたり，株式会社野村総合研究所の同僚コンサルタントからは業務と議論を通じて様々なアドバイスを受けています。山田謙次氏，本谷高寛氏（現PwCコンサルティング合同会社 ストラテジーコンサルティング（Strategy&））には，複数年に亘り製薬企業のリサーチ，コンサルティング業務に一緒に取組んでいただきました。その中で得た経験や知見も本研究に活かされているものと考えます。また，正路章子氏，三好俊一氏には統計分析を中心に客観的なアドバイスやチェックをいただきました。コンサルティング業務と博士研究を両立させるにあたり，多大なるご支援をいただきました。

　修士課程の首都大学東京森本研究室の第5期生にあたる引野創氏（株式会社クロス・マーケティング営業企画部部長）には博士後期課程修了にむけて励ましの言葉をいただきました。ここに感謝いたします。

　博士の学生生活においては幸いにも多数の友人たちとの出会いに恵まれました。矢田正明氏，野田亨氏（株式会社大洋システムテクノロジー副社長），石橋善一郎氏（日本マクドナルド株式会社上席執行役員兼CFO代理），米女太一氏（アサヒ飲料株式会社取締役），町田裕彦氏（株式会社日本経済研究所理事），宮坂鶴三氏（YKK株式会社）には，稲水ゼミでの議論を通じて大いなる刺激を提供していただきました。博士論文を執筆する活力をいただきました。

　また，出版事情の厳しい折，名もない研究者の私が執筆した本書の出版を快く引き受けてくださった白桃書房大矢栄一郎社長に心から感謝いたします。とても全員の名前を挙げることはできませんが，御礼を申し上げます。ここに記して，関係各位に心から謝意を表します。

　平成28年12月

小久保　欣哉

■著者略歴

小久保 欣哉（こくぼ　きんや）

二松學舍大学国際政治経済学部国際経営学科准教授

北海道生まれ。北海道大学大学院経済学研究科修了，首都大学東京社会科学研究科修了，筑波大学大学院ビジネス科学研究科博士後期課程修了。博士（経営学）。

日本イーライリリー株式会社，キャップジェミニ（ザカティーコンサルティング）株式会社，マネジャー，株式会社野村総合研究所コンサルティング事業本部，プリンシパルを経て，現職。

クロス・マーケティンググループ 株式会社メディリード，取締役，株式会社サザンウィッシュ，顧問。

主要論文

「日本の製薬企業による国際展開に関する考察：海外企業とのアライアンスと保有資源の視点から」『国際ビジネス研究』第4巻第1号，（2012）。

「国内大手製薬企業のイノベーションに影響を与える要因分析—バイオ医薬品と売上高200億円製品の保有に関する実証分析—」『研究技術計画』Vol27 No.1/2，（2012）。

「日本の製薬企業によるクロスボーダーM&A：武田薬品工業を事例に」『国際ビジネス研究』第6巻第2号，（2014）等多数。

■ **非連続イノベーションへの解**
　　—研究開発型産業のR&D生産性向上の鍵—

■ 発行日——2017年1月26日　初 版 発 行　　〈検印省略〉
　　　　　　2018年5月26日　初版2刷発行

■ 著　者——小久保欣哉

■ 発行者——大矢栄一郎

■ 発行所——株式会社　白桃書房

　　　　〒101-0021　東京都千代田区外神田5-1-15
　　　　☎03-3836-4781　📠03-3836-9370　振替00100-4-20192
　　　　http://www.hakutou.co.jp/

■ 印刷・製本——藤原印刷

©Kokubo Kinya　2017 Printed in Japan　ISBN 978-4-561-26688-4 C3034